Praxis Buch

Entspannungsreisen für Vorschule und Kindergarten

Einfache Entspannungsübungen

- Fantasiereisen
- Entspannung durch Bewegung
- Gegenständliche Wahrnehmung
- Weitere Entspannungsübungen

SCHUBI®

Kira Wagner
Illustrationen: Ulrike Bahl

Die Rechtschreibung dieses Werkes entspricht der Neuregelung von 2006.

CH-8207 Schaffhausen

service@schubi.com
www.schubi.com

1. Auflage 2006

ISBN 3-89891-264-7
ISBN 978-3-89891-264-7

No 380 10

Vorwort

Heutzutage sind Symptome wie Unruhe, Hyperaktivität, Hektik, Stress, Konzentrationsschwäche und Aggressivität bei Kindern an der Tagesordnung. Natürlich finden sich diese Symptome auch bei Erwachsenen, denn wir leben in einer hektischen und unruhigen Umwelt. Wir müssen lernen, wieder zur Ruhe zu finden, einen Ausgleich zu schaffen zwischen Anspannung und Entspannung.

Bei Kindern kommt dazu, dass sie schon in ihrem jungen Alter zu vielen visuellen und auditiven Reizen ausgesetzt sind. Fernsehen, Kino und Computerspiele präsentieren sich mit schnell wechselnden Bildern. Stimmen werden teilweise verzerrt, schrill und zu laut dargestellt.

Diese Reizüberflutung muss ein Kind verarbeiten. Daher sind Ruhezeiten und Bewegungszeiten wichtig. Nur so kann ein Kind körperlich und geistig gesund bleiben und sich positiv weiterentwickeln.

Da Bewegung und Ruhe zu den Grundbedürfnissen eines Kindes gehören, sollten solche Phasen im Kindergarten und in der Schule integriert werden.

Dieses Praxisbuch bietet Entspannungsformen und Übungen an, die mit Kindern im Alter von 4 bis 7 Jahren auf einfache Weise durchgeführt werden können.

Am Anfang stehen Tipps zur Durchführung von Entspannungseinheiten. In Kapitel 1 finden sich die beliebten Fantasiereisen. In Kapitel 2 wird auf die wichtige Kombination von Entspannung und Bewegung eingegangen. Kapitel 3 zeigt Übungen zur Entspannung mittels gegenständlicher Wahrnehmung. Diese Entspannungsform ist für Kinder besonders geeignet.

Weitere Entspannungsformen finden sich in Kapitel 4. Dort wird näher auf die verschiedenen Formen der Atmung und entsprechende Atemübungen eingegangen sowie auf Entspannung durch Pantomime und spielerische Massage.

Ich wünsche allen viel Spaß bei der Durchführung und eine entspannte und ausgeglichene Gruppe.

Kira Wagner

Inhaltsverzeichnis

Die fünf Ws der Entspannung

Was ist Entspannung?

Entspannung bedeutet, gedanklich und gefühlsmäßig, aber auch körperlich zur Ruhe zu kommen. Der menschliche Organismus unterliegt einer elementaren rhythmischen Ordnung, so atmen wir beispielsweise rhythmisch ein und aus, unser Herz schlägt rhythmisch im Takt. Wenn wir innerlich im Gleichgewicht sind, wenn wir also in Harmonie sind zwischen Wachen und Schlafen, Wünschen und Haben, den Ansprüchen der Umwelt an uns und den eigenen Bedürfnissen, fühlen wir uns ruhig und kraftvoll. In solchen Augenblicken sind wir optimal entspannt.

Warum Entspannung?

Entspannung ist wichtig für:

- die allgemeine Kräftigung und Steigerung der körperlichen Abwehrkräfte
- die Feinkoordination von Muskeln und Bewegungen
- die Regeneration des Nervensystems
- die Stärkung des Konzentrationsvermögens
- die Förderung der Kreativität und Fantasie
- die Selbsterfahrung (Was geschieht in meinem Körper?, Was für Gefühle kommen in welchen Zusammenhängen in mir auf?)
- die Entwicklung des Einfühlungsvermögens in andere Menschen und Lebewesen
- das Selbstvertrauen
- die Stärkung des inneren Gleichgewichts

Grundsätzliches zu Entspannungsübungen

Einfache Atemübungen fördern im Kind einen ruhigen und tiefen Atemrhythmus. Damit lässt es sich auch durch Aufregung und Stress nicht so leicht aus der Ruhe bringen.

Durch Entspannungsübungen lernen Kinder, sich besser auf die momentane Situation zu konzentrieren und sich nicht so leicht durch Nebengedanken ablenken zu lassen.

Bei Ruhe- und Stilleübungen nehmen die Kinder sich und die Signale des Körpers, die Gefühle und die Gedanken bewusster wahr. Das Kind lernt sich dadurch immer besser kennen.

Das Wiederholen der Übungen schenkt dem Kind Erfolgserlebnisse und zunehmendes Selbstvertrauen.

Längeres Verweilen in den einzelnen Körperhaltungen gibt dem Kind eine feinere Wahrnehmung der körperlichen, emotionalen und geistigen Vorgänge.

Bei Fantasiereisen wird das Kind durch das Anregen seiner inneren Bilder in die Geschichte mit einbezogen. Durch die Identifikation mit einer Hauptfigur wird es aufgefordert, mit dieser Ruhe und Entspannung zu fühlen.

Die rhythmische Ausführung der empfohlenen Körperübungen stärkt das innere Gleichgewicht.

Wann sollten wir uns entspannen?

Um Kindern einen Rhythmus und eine Orientierung zu geben, sollten Entspannungseinheiten zu festgelegten Zeiten, etwa an einem bestimmten Wochentag oder in einer bestimmten Stunde angeboten werden. Im Kindergarten sollte die Entspannungsstunde so in das Freispiel integriert werden, dass die Kinder aus der momentanen Beschäftigung nicht herausgeholt werden.

Die Freude an der Übung steht an erster Stelle. Es darf kein Leistungsdruck entstehen. Die Teilnahme sollte immer freiwillig sein. Wer sich allerdings dafür entscheidet, sollte bis zum Schluss dabeibleiben.

Wo sollten wir uns entspannen?

Sorgen Sie für eine angenehme und ruhige Umgebung und Atmosphäre, in der Sie mit ihrer Gruppe ungestört Entspannungsübungen durchführen können. Ideal ist natürlich ein Ort frei von Unterbrechungen und eine Abgrenzung vom sonstigen Gruppengeschehen. Der Raummittelpunkt wird thematisch gestaltet. Bei einer Traumreise im Winter kann Duftöl verwendet werden. Ist eine Fantasiereise auf einer Wolke das Thema, so kann die Umgebung mit Watte gestaltet werden. Wird im Herbst eine Entspannungsübung mit Naturmaterialien durchgeführt, so bietet sich eine Dekoration mit Kastanien und Eicheln an usw. Ein gestalteter Mittelpunkt dient dazu, dass Kinder, welche die Augen lieber offen lassen möchten, einen festen Punkt betrachten können.

Der Raum kann auch etwas abgedunkelt werden; völlige Finsternis kann jedoch Angst verursachen. Kurz vor der Entspannungseinheit sollte der Raum gründlich gelüftet werden.

Wie sollten wir uns entspannen?

Das Wie kann auch mit „Welche Formen der Entspannung gibt es?" gleichgesetzt werden. Es gibt verschiedene Möglichkeiten, Entspannung zu erzielen. Nehmen wir ein Entspannungsverfahren wie die Fantasiereise, so ist es wichtig, dass die Kinder möglichst bequem sitzen oder liegen, bequeme Kleidung tragen und die Schuhe ausziehen. Bei Entspannung mit Materialien ist neben einer bequemen Ruheposition auch die Auswahl der Materialien von Bedeutung. In den verschiedenen Kapiteln mit den Entspannungsmethoden wird ausgeführt, auf welche Weise sich die Kinder entspannen, welche Position sinnvoll und was besonders zu beachten ist.

Wichtige Vorbereitungen

Die Gruppe

Jedes Kind ist ein Individuum und jede Gruppe hat ihre eigene Dynamik. Im Kindergarten können zunächst Schnupperstunden bzw. -einheiten angeboten werden. Dabei wird entweder eine Gruppe speziell für die Entspannungseinheit gebildet oder die Kindergartengruppe wird entsprechend in zwei bis drei Gruppen geteilt, je nach Anzahl der Erziehenden. Mit einer Gruppe wird die Entspannungseinheit durchgeführt, dann ist die nächste Gruppe dran.

Hat sich eine Gruppe gebildet, ist es günstig, wenn sie über einen gewissen Zeitraum konstant bleibt, damit ein Entwicklungsprozess möglich wird.

Ist die Entspannungsstunde eingeführt und die Kinder sind neugierig geworden, so kann das Angebot in regelmäßigen Abständen erfolgen.

Eine Gruppe bewusst zusammenzustellen hat gewisse Vorteile, aber jedes Kind muss die Chance bekommen, sich zu entspannen, d. h. auch die zurückhaltenden Kinder sollten in einer Gruppe dabei sein. Wichtig ist immer, dass jedes Kind selbst entscheiden kann, ob es die Entspannungsübung mitmacht oder nicht.

Für die Gruppenzusammenstellung gibt es kein Patentrezept, denn auch Kinder sind in ihrer Persönlichkeit ganz verschieden.

Einbeziehen der Eltern

Werden Entspannungsübungen zum ersten Mal im Kindergarten oder in der Gruppe durchgeführt, ist es sinnvoll, die Eltern über das Thema „Entspannung" zu informieren, sei es mit einem Brief oder an einem Elternabend. Es kann auch eine praktische Übungsstunde angeboten werden, an der die Eltern (freiwillig) teilnehmen können, oder sogar ein gemeinsames Entspannen mit Eltern und Kindern. Gemeinsames Entspannen bringt mehr, wenn die Kinder bereits Erfahrung mit dem Thema haben.

Ein Elternbrief könnte so formuliert werden:

Kinder Stille und Entspannung erleben und erfahren lassen durch Fantasiereisen, Entspannungs- und Bewegungsübungen

Liebe Eltern,

in unserem Alltagstrubel hat es die Entspannung oft schwer. Die Turbulenzen unserer Umgebung stören oft unseren Wunsch nach Stille und Entspannung, die auch beim Kind ein natürliches Grundbedürfnis sind. Kinder träumen sich oft ins Spiel hinein, sie lassen sich Zeit und „versinken" darin.

Zusammen mit den Kindern möchte ich eine „Reise in die Entspannungswelt" machen, auf der es den Kindern möglich ist, Fantasien zu entwickeln, ihre Gefühle auszudrücken und den natürlichen Wechsel von Anspannung und Entspannung zu leben. Auf unserer Reise werden wir gemeinsam verschiedene Entspannungsformen kennen lernen – Fantasiereisen, Entspannung durch Bewegung, Atemübungen und die Entspannung mit Hilfe von Gegenständen.

Einmal wöchentlich kommen wir in einer Kleingruppe zusammen. Über die Entspannungsformen gebe ich Ihnen gerne weitere Auskünfte. Unsere Entspannungsreisen mit allen Erfahrungen dazu und den kleinen Kunstwerken, die dabei entstanden sind, möchten wir Ihnen darüber hinaus an einem „Entspannungstag" präsentieren.

Passen Sie diese Briefvorlage beliebig den aktuellen Gegebenheiten an.

Der Übungsaufbau

In der Praxis ist es hilfreich und sinnvoll, jede Einheit zur Entspannung in Einleitung, Hauptteil und Schluss zu gliedern.

1. Einleitung

Bei der Einleitung versuchen Sie die Gruppe zusammenzuführen und auf das eigentliche Thema einzustimmen. Dabei müssen die momentanen Stimmungen der Kinder wahrgenommen, eventuelle Störungen beseitigt und Konflikte geklärt werden.

Zu Beginn können ritualisierte Handlungen hilfreich sein, beispielsweise immer dieselbe Begrüßung, entspannende Musik, das Anzünden einer Kerze oder einer bestimmten Lampe, z. B. einer Salzkristalllampe.

Ist die Gruppe zusammengeführt, leiten Sie durch Fragestellungen, Benennung des Themas, der Übung zum Hauptteil über.

2. Hauptteil

Der Hauptteil ist der Schwerpunkt der Entspannungseinheit. Er wird von Ihnen angeleitet. Je nach Entspannungsform sind verschiedene Vorgehensweisen zu beachten:

- Die Kinder sollten nicht gezwungen werden, die Augen zu schließen.
- Achten Sie auf Haltung, Atmung und Konzentration.
- Geben Sie den Kindern Signale für Beginn und Ende der Übung oder ihrer Teile durch entsprechende sprachliche Hinweise oder den Klang der Stimme.
- Sprechen Sie ruhig, langsam und deutlich.
- Ihre eigene innere Ruhe ist Voraussetzung für eine gelingende Entspannungsübung. Wenn Sie selbst unruhig oder hektisch sind, verschieben Sie die Übung oder wählen Sie eine andere Bewegungs- oder Entspannungsform.
- Bei Hintergrundmusik darf die Musik die Sprache nicht übertönen.
- Passen Sie den Text dem Wortschatz der Kinder an.
- Geben Sie den Kindern Zeit, um Handlungen und Gehörtes zu verarbeiten und nachzuvollziehen. Setzen Sie Pausen im Text. Die Texte sind entsprechend gegliedert.
- Beachten Sie Erfahrungen, Umfeld, Erlebnisse und Interessen der Kinder.
- Berücksichtigen Sie die Anschaulichkeit (Gegenstände, Pflanzen, Elemente).

3. Schluss

Der Schluss rundet die gesamte Einheit ab und beendet die Übung. Der Abschluss benötigt genügend Zeit und Ruhe, damit die Entspannung wirken kann und die Kinder Erfahrungen, Eindrücke und Stimmungen mitnehmen können.

Die Gestaltung orientiert sich am bisherigen Verlauf bzw. an der gewählten Entspannungsform. Nach einer Fantasiereise bietet sich u. a. Malen, ein Gespräch, Bewegung oder Tanz an. Nach einer Bewegungseinheit könnte das Vorlesen einer Geschichte, das Hören von Musik oder körperliche Ruhe folgen.

Die erforderliche Zeit kann durch die Kinder bestimmt werden. Es ist ideal, eine großzügige Schlussphase einzubauen. Auch wenn die Zeit begrenzt ist, sollte dieser Teil nie fehlen.

Die Raumgestaltung

Beziehen Sie bei der Raumgestaltung die Kinder mit ein.

Schön ist es, wenn immer der gleiche Raum für die Entspannungseinheit genutzt werden kann. Dies ist in Kindergärten oft möglich, in der Schule selten. Benutzt man einen eigens dafür bestimmten Raum, können alle Elemente für die Entspannungseinheiten bereits in einer harmonischen Raumaufteilung vorhanden sein: Kissen und Matten, Salzlampen, Duftlampen, Farblichter.

Besteht kein fester Raum, so sollten für die Meditation Kissen, Decken und Matten zur Verfügung stehen. Die Atmosphäre eines Raumes wird im Kreismittelpunkt durch Blumen, Duftlampen, Tücher wohltuend und harmonisierend gestaltet.

In der Regel müssen die Entspannungseinheiten im Spielraum oder im Klassenraum durchgeführt werden. Durch ritualisierte Gestaltung mit den Kindern kann jede Übung schnell in den Raum integriert werden. Verwenden Sie beispielsweise eine ganz bestimmte Ecke im Raum, gestalten Sie die Raummitte, stellen Sie Raumteiler – z. B. Pflanzen – auf oder arbeiten Sie mit Tüchern.

Die Farbenwirkung

Farben spielen für uns alle eine große Rolle. Wir sind von Farben umgeben und wissen bewusst oder unbewusst um ihre Wirkung. Wir wählen unsere Kleidung nach Stimmung und Verfassung aus und fühlen uns in Räumen mit bestimmten Farben wohler. Gewisse Farben ziehen uns mehr an, andere tun dies nur beschränkt oder stoßen uns gar ab. Farben bringen Licht und Freude in unser Leben, sie symbolisieren die Vielfalt der Natur, sie beeinflussen unser Leben – sie können unsere Lebensqualität erhöhen.

In diesem Wissen können wir für die Entspannungsübungen Farben bewusst und wirkungsvoll einsetzen.

Hier finden Sie einige Hinweise und Anregungen für die richtige Farbwahl:

- ***Naturfarben und Pflanzenfarben*** wirken im Allgemeinen positiver und harmonisierender als künstliche Farben.
- ***Grau*** wirkt eher Energie vermindernd und deprimierend.
- ***Schwarz*** ist Energie schluckend, d. h. eine schwarze Wand wirkt negativ und sehr hart, sie dämpft die positiven Gefühle.
- ***Weiß*** strahlt viel Energie aus. Es symbolisiert Reinheit und Klarheit.
- ***Gelb*** ist die Farbe der Sonne. Sie steht für Lebenslust, Kraft und Freude. Sie aktiviert und wirkt belebend auf Nerven und Gemüt.
- Auch ***Orange*** ist eine Sonnenfarbe und vermittelt Energie, Stärke, Wärme und Freude am Leben. Ein warmes Orange kann schwankende Gefühle wieder ins Gleichgewicht bringen.
- ***Rot*** ist eine Signalfarbe. Rot unterstützt die Sinnestätigkeit und setzt Energien frei. Es symbolisiert Feuer und Kraft. Rot beschleunigt Reflexe und somit auch Reizbarkeit und Aggressivität.
- ***Blau*** ist eine tiefgründige Farbe. Sie entspannt Muskeln und Nerven, wirkt beruhigend und wohltuend. Das Betrachten beispielsweise eines blauen Himmels oder eines in kräftigen blauen Farben gemalten Bildes kann Gefühle glätten und uns zur Klarheit verhelfen.
- Die Farbe ***Grün*** ist ein Symbol für Wachstum, Kreativität, Natürlichkeit und Hoffnung. Grün fördert die Konzentration und die innere Ausgeglichenheit. Nicht umsonst können wir bei einem Spaziergang in der Natur wieder Kraft schöpfen.
- Die Farben ***Violett, Rosa und Gold*** sind klare Mischfarben. Sie haben eine positive, hilfreiche, unterstützende, stärkende, klärende, entspannende und heilende Wirkung. Kinder fühlen sich von diesen Farben besonders häufig angezogen.

Für die Entspannung sollten überwiegend helle, klare und leuchtende Farben verwendet werden. Dunkle Farben sollten Sie nur für die Kontraste einsetzen.

Ein freundlicher Raum vermittelt Geborgenheit und Wärme. Dies kann durch farbige Tücher, Pflanzen, warmes Licht u. Ä. unterstützt werden (siehe „Raumgestaltung“).

Musik

Ruhige Musik unterstützt den Entspannungsprozess, rhythmische Musik wirkt eher belebend und aktivierend.

Kinder können die Entspannungseinheiten oft besser genießen, wenn sie mit Musik untermalt werden. Die Musik kann zur Schaffung einer ruhigen Atmosphäre beitragen, und sie kann als ruhiger Hintergrund dafür sorgen, dass eventuelle Nebengeräusche gedämpft werden. Wichtig ist, dass die Musik nicht zu laut ist.

Inzwischen bietet der Markt eine große Auswahl an Entspannungsmusik an. Am besten eignet sich instrumentale Entspannungsmusik, d. h. Musik ohne Gesang.

Checkliste

Überlegungen zur Vorbereitung:

- Kommen Sie zur Ruhe und leiten Sie die Übungen aus der eigenen Ruhe heraus selbst an.
- Der Raum sollte ruhig und störungsfrei sein.
- Schaffen Sie eine entspannte Atmosphäre: Gestalten Sie die Mitte mit Kerzen, Teelichtern, Duftlampen, Blumen, bunten Tüchern.
- Stellen Sie die Materialien zusammen: Decken, Unterlagen, Sitzhilfen, CD-Player.
- Achten Sie auf bequeme Kleidung.
- Bieten Sie regelmäßige Entspannungseinheiten: täglich, wöchentlich ...
- Erzwingen Sie nichts.

Überlegungen zur Durchführung:

- Beginnen Sie mit kleinen Gruppen.
- Bieten Sie erst kurze Einheiten an und steigern Sie die Dauer langsam.
- Vermeiden Sie plötzliche Unterbrechungen.
- Empfehlen Sie den Kindern, die Augen zu schließen, aber zwingen Sie sie nicht dazu.
- Geben Sie den Kindern ein Signal für den Anfang und das Ende der Entspannungseinheit.

Überlegungen zur Nachbereitung:

- Besprechen Sie mit den Kindern ihre Erlebnisse und Eindrücke.
- Machen Sie Aufzeichnungen über die Entwicklung der Teilnehmenden.
- Reflektieren Sie Ihr Handeln.

Formen der Entspannung

Es gibt zahlreiche Entspannungsformen. Nicht alle sind für Kinder geeignet. Die nachfolgenden Kapitel befassen sich mit Entspannungsverfahren, die sich bei Kindern in der Altersgruppe von 4–7 Jahren bewährt haben.

Kapitel 1

Die Fantasiereise – Katathymes Bilderleben

Fantasiereisen basieren auf Geschichten, Gedichten, Märchen, Vorstellungsbildern oder Situationsschilderungen, die von einem Erwachsenen erzählt werden und die Fantasie der Kinder anregen sollen. Fantasiereisen werden auch als katathymes Bilderleben bezeichnet; „katathym" bedeutet „durch Vorstellung entstanden". Fantasiereisen sollen die Kinder in eine Welt der Ruhe und Gelassenheit führen und es ihnen ermöglichen, in der Fantasie wichtige emotionale Erfahrungen zu machen.

Die vorgegebene Reise kann in reale Welten (in einen Wald, auf eine Wiese, an einen rauschenden Bach, auf hohe Berge) oder in fantastische Welten (auf einen Stern, auf die Reise mit einem fliegenden Teppich, in einen Kristall) führen.

Die Kinder haben so die Möglichkeit, in bestimmte Rollen hineinzuschlüpfen, Neugier und Abenteuerlust auszuleben und die vorgegebene Situation in ihrer eigenen Fantasie weiterzuentwickeln.

Auf diesem Weg können physiologische Entspannungswirkungen (Reduzierung der Muskelspannung, tiefere Atmung) erreicht werden.

Es gibt zwei Varianten der Fantasiereise:

a) Die Fantasiegeschichte wird erzählt, ohne dass die Kinder aktiv eingebunden sind. Das heißt, sie verfolgen die Geschichte lediglich in ihrer Vorstellung und sind nicht in die Spielhandlung integriert.

   Beispielsweise:
   ... du liegst im warmen weichen Sand ...
   ... du hörst die Vögel zwitschern ...
   → siehe z. B. Übung 9 auf Seite 31–32

b) Die Kinder werden in die erzählte Fantasiegeschichte einbezogen. Sie sind nicht unmittelbar aktiv, nehmen jedoch in ihrer Vorstellung aktiv an der Handlung teil.

   Beispielsweise:
   ... du steigst in das Boot und fährst sanft über die Wellen ...
   ... du sitzt auf dem Teppich und fliegst durch die Luft ...
   → siehe z. B. Übung 2 auf Seite 17–18

Idealerweise sollte die Gruppe nicht mehr als 10 Kinder umfassen.

Als Einstieg kann zur Auflockerung eine Atemübung durchgeführt werden (siehe auch Kapitel 4). Diese darf ganz kurz sein: Die Gruppe setzt oder legt sich bequem hin, wer möchte, schließt die Augen und es wird tief ein- und ausgeatmet.

Tragen Sie die Geschichte ruhig, langsam, mit den nötigen Pausen und mit freundlicher und warmer Stimme vor.

Sind alle Kinder von der Fantasiereise zurückgekehrt, wird das Erlebte gemeinsam ausgewertet. Folgende Fragen helfen dabei:

- Wie hat dir die Fantasiereise gefallen?
- Wie hast du dich während der Fantasiereise gefühlt?
- Wie leicht/schwer ist es dir gefallen, dich zu konzentrieren?
- Wie fühlst du dich jetzt?

Vermeiden Sie dabei, zu sehr in den Empfindungsbereich eines einzelnen Kindes einzudringen, wenn es sich nicht äußern will. Schlagen Sie stattdessen vor, das Erlebte zu malen.

Wenn ein Kind Ihnen persönlich etwas sagen will, so lassen Sie das zu, später wird es sich auch in der Gruppe äußern. Werden Fantasiereisen regelmäßig durchgeführt, so werden Sie feststellen, dass bald eine Harmonisierung der Gruppe eintritt, die der Psyche der Kinder gut tut.

Auf den folgenden Seiten finden Sie neun Fantasiereisen mit unterschiedlichen Themen und Inhalten, die Ihnen und Ihren Kindern helfen sollen, in fantastische Welten einzutauchen.

Fantasiereise 1

Ich bin ein Regenbogen

Alter: ab 4 Jahren

Dauer: 15 Minuten

Materialien: Ruhematten, Musik

Vorbereitung

Nennen Sie den Kindern den Titel der heutigen Fantasiereise: „Ich bin ein Regenbogen". Die Kinder nehmen auf dem Stuhl oder auf Ruhematten Platz.

Passend zum Thema können Sie den Raum mit Lichtern oder Lampen (z. B. selbst gebastelten Laternen) in unterschiedlichen Farben dekorieren (rot, grün, lila, blau und gelb).

Durchführung

Setze oder lege dich bequem hin.
Atme tief ein und aus.
Schließe beim Ausatmen die Augen, wenn du magst.
Nun atme noch einmal mit geschlossenen Augen tief ein und aus.

Stell dir vor, es ist ein schöner Sommertag.
Die Sonne scheint und es ist schön warm.
Plötzlich kommen dunkle Wolken, es wird kühler und es fängt an zu regnen.
Gleichzeitig scheint aber immer noch die Sonne.
Und jetzt kommst du: Wie ein großer, bunter Bogen überspannst du das ganze Land. Du bist ein Regenbogen.
Durch Sonnenlicht, das sich in den Regentropfen bricht, lässt du alle Farben frei: das Gelb, das Orange, das Rot, das Grün, das Blau, das Lila.
Du bist aus Licht und Wasser, die Sonne ist deine Mutter, der Regen dein Vater.
Du glänzt und schimmerst und leuchtest in der Sonne.
Als Regenbogen siehst du schöne Städte, weite Wiesen, ruhige Wälder und grüne Felder.
Die Menschen freuen sich, dich zu sehen.
Kinder bleiben stehen und staunen.
Sie rufen: „Schau mal, was für ein schöner Regenbogen!"
Manche spielen mit dir, sie suchen deinen Anfang und dein Ende.
Du spielst mit ihnen und versteckst beide Enden, niemand kann sie finden.
Nach einer Weile bist du müde.
Es hört auf zu regnen.
Du wirst langsam unsichtbar, immer mehr und noch mehr und dann bist du ganz weg.
Irgendwo an einem anderen Ort wirst du wiederkommen, immer dann, wenn es gleichzeitig regnet und die Sonne scheint.

Du kommst wieder in diesen Raum zurück, strecke und recke dich und öffne deine Augen.
Atme tief durch und setze dich langsam auf.

Abschluss

Fragen Sie die Kinder nach ihrem Befinden oder geben Sie ihnen die Aufgabe, ein Bild mit ihrem Fantasieregenbogen zu malen.

Fantasiereise 2

Mit dem Traumboot zur Trauminsel

Alter: ab 4 Jahren

Dauer: 20 Minuten

Materialien: Ruhematten, Musik; für die Vorbereitung kann eine Landschaft aus einem Boot, blauen Servietten, Sand und Muscheln gestaltet werden

Vorbereitung

Die Kinder sitzen im Kreis. Eine Inselkulisse ist gestaltet. Auf blauen Servietten fährt ein Boot, Sand oder eine weiße Serviette mit Muscheln stellt die Insel dar.

Erzählen Sie den Kindern, dass die Trauminsel das Ziel der Reise mit dem Traumboot ist.

Durchführung

Setze oder lege dich bequem hin.
Atme tief ein und aus.
Schließe beim Ausatmen die Augen, wenn du magst.
Nun atme noch einmal mit geschlossenen Augen tief ein und aus.

Stell dir vor, du gehst durch Sanddünen, ein leichter Wind bläst.
Bei jedem Schritt sinkst du ein bisschen ein.
Da siehst du einen schmalen Pfad, den du nun entlanggehst.
Er führt dich Schritt für Schritt zum Meer hin. Wo er aufhört, entdeckst du auf dem Wasser dein Traumboot.
Es ist ein schönes Segelboot aus Holz. Du steigst vorsichtig in das Boot.
Nun geht die Fahrt los. Du legst dich auf den warmen Holzboden.
Du spürst deinen Körper, ... deinen Kopf, ... deine Arme, ... deine Hände, ... deinen Rücken, ... deinen Po, ... deine Beine und ... deine Füße auf dem Boden.
Du fühlst dich wohl.
Du spürst das sanfte Schaukeln des Bootes – auf und ab, auf und ab – dein Atem geht in diesem Rhythmus mit – auf und ab, ein und aus.
Die Sonne scheint, dir ist angenehm warm.
Das Segelboot fährt über das offene Meer. Du hörst die Wellen leicht gegen das Boot klatschen. Du hörst das Rauschen des Meeres.
Du freust dich auf die Insel. Du sprichst deinen Zaubersatz:
„Ich bin ganz ruhig und leise, weil ich auf meine Trauminsel reise."
In der Ferne taucht ein Punkt auf dem Wasser auf. Er wird größer und größer. Du kommst näher und näher.
Dann liegt deine Insel im hellen Sonnenschein vor dir.
Sie ist wunderschön.
Du legst mit deinem Boot an und steigst aus.
Mit bloßen Füßen läufst du am Strand entlang. Du spürst den warmen, weichen Sand an den Füßen.
Du möchtest in die Mitte der Insel. Du bist neugierig und mutig.
Dein Weg führt durch einen Palmenwald mit blühenden Büschen.
Du hörst das Rauschen der Palmenblätter, das Zwitschern der Vögel.
Plötzlich stehst du vor einem wunderschönen Wasserfall.

Die Sonne strahlt auf die vielen Tausend Wassertropfen, die da herunterfallen und heruntertanzen, alles glitzert.
Der Wasserfall fällt in einen kleinen See, in dem sich die Sonne spiegelt.
Das Wasser ist glasklar und du kannst auf dem Grund viele schöne Steine sehen.
Du gehst ein paar Schritte weit hinein, spürst das Wasser an deinen Füßen und Beinen. Es fühlt sich weich an.
Du bückst dich und hebst einen Stein auf. Er ist ganz glatt.
Du hältst ihn gut fest, steigst wieder aus dem Wasser und gehst durch den Palmenwald zurück.
Du kommst wieder an den Strand zu deinem Boot zurück.
Du bist müde.
Du legst dich eine Weile in den warmen weichen Sand.
Dein Stein fühlt sich glatt und warm an in deiner Hand.
Du hörst, wie dein Atem geht – ein und aus, ... ein und aus, ... ganz gleichmäßig und ruhig.
Du genießt die warmen Sonnenstrahlen, das Rauschen der Wellen.
Es wird Zeit zurückzufahren.
Du steigst in dein Traumboot.
Du winkst deiner Trauminsel zum Abschied zu. Sie sieht wunderschön aus.
Du fährst im sanften Rhythmus der Wellen zurück.
Du bist gelöst, entspannt und ganz ruhig.
Du erreichst das Ufer und befestigst dein Traumboot.
Du steigst aus.

Du kommst wieder in diesen Raum zurück, strecke und recke dich und öffne deine Augen.
Atme tief durch und setze dich langsam auf.

Abschluss

Die Kinder können nach ihrem Befinden befragt werden oder Sie geben ihnen die Aufgabe, ein Bild von der Fantasiereise zu malen.

Fantasiereise 3

Blumengarten

Alter: ab 5 Jahren

Dauer: 20 Minuten

Materialien: Ruhematten, Musik

Vorbereitung

Nennen Sie den Kindern den Titel der Fantasiereise.

Durchführung

Setze oder lege dich bequem hin.
Atme tief ein und aus.
Schließe beim Ausatmen die Augen, wenn du magst.
Nun atme noch einmal mit geschlossenen Augen tief ein und aus.

Stell dir vor, du liegst auf einer schönen, grünen Wiese mit bunten Blumen.
Die Sonne scheint, die Vögel zwitschern, es ist angenehm warm.
Du genießt die Sonnenstrahlen, die dich wärmen.
Du atmest tief ein und aus.
Beim Einatmen nimmst du die Sonnenstrahlen mit, dein Körper erhellt sich.
Beim Ausatmen spürst du, wie sich dein Körper entspannt.
In Gedanken gehst du über diese Wiese spazieren.
Du schaust dir alles an: die Blumen, die Bäume, die Gräser.
Du gehst weiter über die Wiese, in der Ferne siehst du ein Tor.
Du bist neugierig und gehst darauf zu.
Es ist ein schönes Tor, das in der Sonne glänzt.
Du gehst langsam hindurch und kommst in einen wunderschönen Garten.
Dieser Garten besteht nur aus Blumen.
Sie schillern in allen Farben: gelb, orange, rot, lila, rosa, blau, grün.
Die Blumen leuchten und strahlen im Licht der Sonne, es ist wunderschön.
Du schaust sie dir alle an. Einige Blumen kennst du, andere hast du noch nie gesehen.
Du riechst an ihnen, du atmest den Duft tief ein.
Beim Ausatmen lässt du deinen Blick über den Blumengarten schweifen.
Die Luft ist erfüllt von einem herrlichen Duft.
Du genießt den Garten.

In der Mitte des Gartens steht eine Bank.
Du setzt dich darauf, du machst es dir bequem und genießt die Aussicht auf diesen wunderschönen Blumengarten …
Eine Weile bleibst du still so sitzen und atmest die Blumenluft ein und aus, ein und aus.
Dann nimmst du langsam Abschied von deinem Blumengarten, von den farbenprächtigen Blumen, von dem herrlichen Duft.

Du atmest noch einmal tief den Duft ein und nimmst ihn mit in diesen Tag. Beim Ausatmen schaust du noch ein letztes Mal auf den Blumengarten. Nimm alle deine Eindrücke mit, den Duft, das Licht, die Wärme, die Farben.

Du kommst wieder in diesen Raum zurück, strecke und recke dich und öffne deine Augen.
Atme tief durch und setze dich langsam auf.

Abschluss

Fordern Sie die Kinder auf, ihre Lieblingsblume oder ihren Blumengarten aus der Fantasiereise zu malen.

Fantasiereise 4

Eine Reise mit dem Heißluftballon

Alter: ab 4 Jahren

Dauer: 20 Minuten (ohne Nachbereitung)

Materialien: Ruhematten, ruhige Musik, ein aufgeblasener Luftballon;

für die Nachbereitung: Eierkartons (oder kleine Plastikblumentöpfe), kleine Luftballons (je 1 pro Kind), Pfeifenreiniger (4 Stück pro Ballon), Klebeband, evtl. Farbe zum Anmalen (Farbstifte, Tuschfarbe)

Vorbereitung

Setzen Sie sich mit den Kindern in einen Kreis. Die Kinder sollen ihre Augen schließen. Dann geben Sie einen aufgeblasenen Luftballon in die Runde. Jedes Kind soll nun den Luftballon befühlen nach Größe, Form und Beschaffenheit. Ist der Luftballon am Ende der Runde angekommen, geben Sie den Titel der heutigen Fantasiereise bekannt.
Die Kinder verteilen sich auf den Ruhematten.

Durchführung

Setze oder lege dich bequem hin.
Atme tief ein und aus.
Schließe beim Ausatmen die Augen, wenn du magst.
Nun atme noch einmal mit geschlossenen Augen tief ein und aus.

Denke an den Luftballon.
Beim Einatmen wirst du in Gedanken ganz groß, beim Ausatmen wirst du in Gedanken ganz klein.
Stell dir vor, du liegst auf einer Wiese. Es ist ein schöner, warmer Herbsttag.
Du schaust in den Himmel. Es sind ein paar Wolken unterwegs.
Plötzlich siehst du einen wunderschönen bunten Heißluftballon.
Du winkst ihm zu. „Ach“, denkst du, „wenn ich doch mitfliegen könnte.“
Du traust deinen Augen nicht. Der Heißluftballon kommt immer näher, bis er auf der Wiese landet.
Du stehst auf und gehst zu dem großen Bastkorb.
Ein Vogel sitzt dort und lädt dich ein mitzufliegen.
Du kletterst in den Korb.
Und schon geht die Reise los.
Langsam hebst du von der Erde ab. Du schwebst sacht mit dem Ballon nach oben.
Es ist ruhig, du hörst das Rauschen der Luft.
Dein Atem geht ruhig und gleichmäßig ein und aus.
Du schaust nach unten.
Die Wiese, auf der du gelegen hast, ist ganz klein.
Du beobachtest die Welt unter dir weiter.
Du schwebst über einen Wald. Du siehst viele Bäume in warmen Herbstfarben: grün, braun, gelb.
Weiter schwebst du und entdeckst einen wunderschönen, schillernden großen See. An einem Ufer stehen Kühe, am anderen Ufer weiden Pferde.

Du schwebst weiter und entdeckst eine Burg mit vier Türmen. Auf jedem Turm ist eine Fahne zu sehen.
Du fliegst näher und siehst einen Burggraben mit einem großen Tor.
Du genießt den Blick auf diese verzauberte Burg.
Und es geht weiter über Berge.
Manche Gipfel sind schneebedeckt. Die Bergspitzen kommen dir so nah vor, dass du meinst, du könntest sie berühren.
Im strahlenden Sonnenschein ist die Sicht ganz klar.
Zwischen den Felsen erkennst du Gämsen, die neugierig zu dir hochschauen.
Du schwebst weiter.
Du verlässt die Bergwelt und schwebst über Felder.
Du siehst vereinzelte Bauernhöfe, die wie verstreute Klötzchen zwischen den Feldern liegen, und einige Bäume.
Langsam wirst du müde.
Du legst dich in den Korb und schaust zum bunten Ballon hoch.
Es wird langsam Abend.
Dein Ballon schwebt sacht nach unten.
Du landest wieder auf der Wiese.
Du stehst auf und steigst aus dem Korb.
Der Vogel sitzt wieder da und zwitschert zum Abschied.
Du winkst dem Vogel zu und bedankst dich.
Du atmest tief ein und wirst in Gedanken so groß wie der Ballon, beim Ausatmen fühlst du dich entspannt und ruhig.

Du kommst wieder in diesen Raum zurück, strecke und recke dich und öffne deine Augen.
Atme tief durch und setze dich langsam auf.

Abschluss

Im Anschluss an diese Fantasiereise bietet es sich an, die Kinder ihren Heißluftballon selber basteln zu lassen. Dazu werden die Waben eines Eierkartons als Körbchen benutzt, die kleinen Luftballons aufgepustet. Luftballon und Körbchen werden mit Pfeifenreinigern und Klebstreifen aneinander festgemacht. Die Pfeifenreiniger können auch durch die Eierwabe durchgesteckt und umgeknickt werden. Die Kinder können ihr Körbchen anmalen und/oder auf einem Zusatzblatt ihren Fantasieheißluftballon malen.

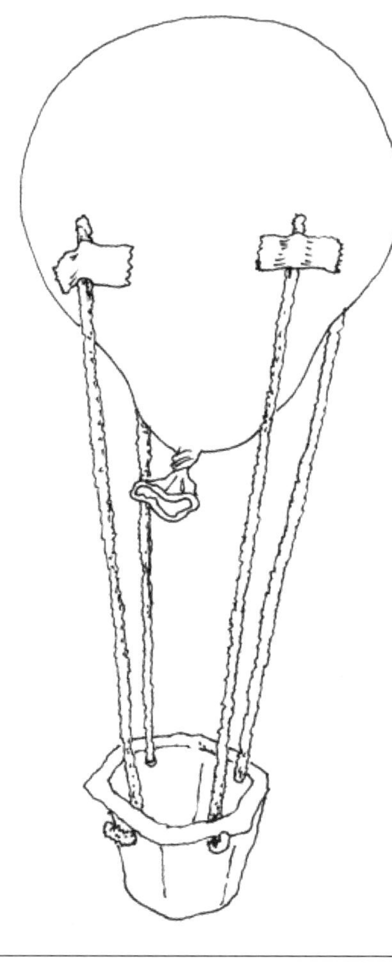

Fantasiereise 5

Auf einer Wolke zu den Sternen

Alter: ab 4/5 Jahren

Dauer: 15 Minuten

Materialien: Ruhematten und Musik, Watte, Goldpapier, Schere

Vorbereitung

Bereiten Sie aus Goldpapier einen Stern vor, an dem an einem dünnen Faden eine Wolke aus Watte hängt. Legen Sie den Stern sichtbar für alle hin oder hängen sie ihn auf. Sie nennen den Kindern den Titel der Fantasiereise. Jedes Kind kann sich ein Stück Watte nehmen, dieses befühlen und sich vorstellen, es wäre eine Wolke.

Durchführung

Setze oder lege dich bequem hin.
Atme tief ein und aus.
Schließe beim Ausatmen die Augen, wenn du magst.
Nun atme noch einmal mit geschlossenen Augen tief ein und aus.

Du spürst wie dein Körper entspannt auf dem Boden liegt.
Stell dir vor, du schaust in den Himmel und entdeckst eine kleine Wolke.
Sie sieht flauschig aus.
In deinen Gedanken hüpfst du auf die Wolke. Du bist erstaunt, wie weich und warm die Wolke ist.
Du legst dich auf den Rücken und lässt dich treiben.
Es ist ganz still.
Du hörst deinen Atem, der ruhig und gleichmäßig geht.
Nach und nach geht die Sonne unter.
Du schwebst langsam durch den blauen Abendhimmel.
Du siehst nach oben und erkennst die Sterne. Sie funkeln dich strahlend an.
Ein kleiner goldener Stern lädt dich ein, ihn zu besuchen.
Du schwebst zu ihm hoch.
Er strahlt dich so intensiv an, dass du lächeln musst.
Du schaust dir den kleinen Stern genau an.
Du siehst ihm zu, wie er seine Strahlen putzt, damit er schön glitzert und du ihn auf der Erde sehen kannst.
Du verabschiedest dich von dem kleinen Stern.
Du schwebst auf deiner weichen, warmen Wolke wieder hinunter Richtung Erde.
Du fragst dich, wie du von deiner Wolke herunter und wieder auf den Boden kommst.
Der kleine Stern schickt dir einen goldenen Lichtstrahl, auf dem du von der Wolke hinunterrutschst.
Nun bist du wieder hier.

Du kommst wieder in diesen Raum zurück, strecke und recke dich und öffne deine Augen.
Atme tief durch und setze dich langsam auf.

Abschluss

Basteln Sie mit den Kindern ihren eigenen Stern aus Goldpapier. An diesem Stern wird mit einem dünnen Faden ein Wattebausch als Wolke befestigt.

Fantasiereise 6

Eine Schneewanderung mit meinem Kuscheltier

Alter: ab 4 Jahren

Dauer: 15 Minuten

Materialien: Ruhematten und Musik, Watte für jedes Kind; jedes Kind bringt sein Kuscheltier mit

Vorbereitung

Sie nennen den Kindern den Titel der Fantasiereise.
Geben Sie jedem Kind ein Stück Watte in die Hand. Die Kinder stehen im Raum verteilt und werfen die Wattebäuschchen hoch. Dabei stellen sie sich vor, es würde schneien. Das wiederholen die Kinder dreimal, dann begeben sie sich mit ihren Kuscheltieren auf eine Matte.

Durchführung

Setze oder lege dich bequem hin.
Atme tief ein und aus.
Schließe beim Ausatmen die Augen, wenn du magst.
Nun atme noch einmal mit geschlossenen Augen tief ein und aus.

Es ist ein schöner sonniger Tag im Winter.
Letzte Nacht ist Schnee gefallen, der im Sonnenlicht glitzert.
Auf den Dächern der Häuser liegen dicke Hauben aus Schnee, wie wenn die Häuser Mützen aufhätten.
Du freust dich darauf, in den Schnee hinauszugehen.
Du ziehst dich warm an und läufst über den Schnee.
Du drehst dich um und entdeckst deine Fußspuren.
Du gehst weiter über eine verschneite Wiese.
Hier liegt so viel Schnee, dass du dir einen Weg bahnen musst. Dabei versinken deine Füße und deine Beine bis zu den Knien im Schnee.
Es ist anstrengend und nach einer Weile setzt du dich erschöpft auf einen Baumstamm.
Du bist ganz ruhig, dein Atem geht gleichmäßig ein und aus.
Du schaust über die schneebedeckte Wiese und träumst von einer Schlittenfahrt.
Da kommt dein Kuscheltier an und bringt dir einen Schlitten.
Du setzt dich darauf.
Dein Kuscheltier zieht den Schlitten auf einen kleinen Hügel.
Du nimmst dein Kuscheltier auf deinen Schoß.
Die Sonne wärmt euch.
Du bist ganz ruhig und genießt diese Winterlandschaft.
Du schaust auf den glitzernden Schnee.
Nun beschließt du, auf dem Schlitten den Hügel hinunterzufahren.
Du hältst dein Kuscheltier fest im Arm.
Der Schlitten trägt euch auf dem glitzernden Neuschnee über die Wiese.
Es macht viel Spaß und du freust dich.
Du fährst vorbei an dem Baumstamm, auf dem du gesessen hast, vorbei an deinen Fußstapfen bis zu dem kleinen Weg.
Dort haltet ihr an.
Es geht dir gut. Du umarmst dein Kuscheltier und fühlst dich wohl.

Du steigst vom Schlitten herunter und gehst langsam zurück, zurück in diesen Raum.

Strecke und recke dich und öffne deine Augen.
Atme tief durch und setze dich langsam auf.

Abschluss

Lassen Sie das Erlebte von den Kindern malen. Es darf auch gebastelt werden. Legen Sie dazu Watte, schwarzes Tonpapier und weiße Papierschnipsel bereit. Daraus kann jedes Kind seine eigene Schneelandschaft basteln.

Fantasiereise 7

Eine Fahrt mit dem fliegenden Teppich

Alter: ab 4/5 Jahren

Dauer: 20 Minuten

Materialien: Ruhematten und Musik, ein bunter Teppich oder eine bunte Decke/ein buntes Handtuch, ein Stoffbär oder eine Puppe

Vorbereitung

Breiten Sie mit den Kindern den bunten Teppich bzw. die Decke aus. Darauf setzen Sie den Bären oder die Puppe.
Lassen Sie den Titel der Fantasiereise von den Kindern erraten. Danach verteilen sich die Kinder auf die Ruhematten.

Durchführung

Setze oder lege dich bequem hin.
Atme tief ein und aus.
Schließe beim Ausatmen die Augen, wenn du magst.
Nun atme noch einmal mit geschlossenen Augen tief ein und aus.

Stell dir vor, unter dir liegt ein bunter Teppich. Er ist ganz weich.
Dein Körper schmiegt sich an den Teppich. Du entspannst dich.
Du atmest ruhig ein und aus.
Beim Ausatmen spürst du, wie sich der Teppich langsam hebt.
Du fliegst sachte immer höher.
Du spürst den Wind über dein Gesicht streichen.
Du schaust nach oben und siehst viele kleine Wolken.
Der Teppich fliegt durch die Wolken hindurch, die sich weich und warm anfühlen.
Du genießt diese Reise. Du fühlst dich gut.
Du setzt dich in Gedanken auf den fliegenden Teppich und schaust nach unten.

Unter dir entdeckst du eine orientalische Stadt.
Der Teppich fliegt ein Stück hinunter, damit du alles ganz genau sehen kannst.
Du siehst Häuser mit goldenen Dächern,
kleine Gässchen mit Menschen, die bunte Gewänder tragen,
einen Bazar, auf dem Silber, Gold, Kupfer, Teppiche, Obst, Gemüse und Gewürze verkauft werden.
In einer Ecke sitzen Männer an niedrigen Tischchen und trinken Tee.
In einer anderen Ecke werden Schuhe geflickt,
in der nächsten Ecke stehen Ziegen und in der letzten Ecke tanzen Frauen in langen, bunten Gewändern zu orientalischer Musik.
Es ist ein buntes Treiben auf dem Bazar.
Exotische Gerüche steigen zu dir herauf.
Du siehst ein paar Kinder, die fröhlich durch die Gassen laufen.
Sie bleiben stehen und schauen zu dir hoch.

Sie lachen und winken dir zu.
Du winkst zurück.

Du atmest tief ein und aus.
Die Fröhlichkeit der Menschen steckt dich an.
Du fühlst dich gut und nimmst die Fröhlichkeit mit auf deine Reise.
Du genießt noch ein letztes Mal den Anblick dieser orientalischen Stadt.
Nun bist du müde vom vielen Schauen und legst dich wieder auf deinen Teppich.
Du fliegst etwas höher.
Es ist ganz still.
Du hörst das leise Rauschen des Windes.
Dein Atem geht ruhig und gleichmäßig.
Du fliegst wieder durch die warmen, weichen Wolken.
Der fliegende Teppich wird langsamer. Er schwebt zum Boden.
Du spürst die sanfte Landung.
Du bleibst noch einen Moment liegen.
Bewege deine Arme und Beine, die vom Flug ganz müde geworden sind.

Du kommst wieder in diesen Raum zurück, strecke und recke dich und öffne deine Augen.
Atme tief durch und setze dich langsam auf.

Abschluss

Lassen Sie die Kinder ihren eigenen fliegenden Teppich malen oder in Form eines Collagebildes gestalten.

Fantasiereise 8

Eine Reise als Luftballon

Alter: ab 4/5 Jahren

Dauer: 20 Minuten

Materialien: Ruhematten und Musik, ein Luftballon

Vorbereitung

Sie pusten einen Luftballon auf und lassen die Kinder erraten, welches Thema die Fantasiereise hat. Wenn genügend Zeit vorhanden ist, bietet sich ein Bewegungsspiel mit Luftballons an.

Durchführung

Setze oder lege dich bequem hin.
Atme tief ein und aus.
Schließe beim Ausatmen die Augen, wenn du magst.
Nun atme noch einmal mit geschlossenen Augen tief ein und aus.

Dein Körper liegt flach auf dem Boden, du spürst deinen Kopf, der den Boden berührt, ... deinen Rücken, ... deinen Po, ... deine Arme ... und deine Beine. Dein ganzer Körper ruht auf dem Boden.
Stell dir nun vor, du bist ein leerer Luftballon, der auf dem Boden liegt.
Welche Farbe hast du?
Such dir eine aus.
Welche Form hast du?
Vielleicht rund oder länglich?
Stell dir nun vor, dass du dich bei jedem Einatmen ein wenig aufbläst.
Du atmest ein und wirst größer.
Beim Ausatmen schaust du dir deine Größe an, du atmest wieder ein und wirst noch größer.
Du wirst immer leichter und größer.
Du hebst vom Boden ab und schwebst im Raum.
Es ist ein schönes Gefühl.
Ein kleiner Windhauch kommt und lässt dich aus dem Fenster schweben. Du fühlst dich frei und gut.
Es ist angenehm warm und du genießt den leichten Wind, der dich in die Höhe trägt.
Du schaust über Häuser, Straßen, Bäume, Wiesen, Wälder und Seen.
Du betrachtest die Gegend und genießt den Anblick.
Du schwebst höher.
Vögel fliegen an dir vorbei und zwitschern dir zu.
Du fliegst noch eine Weile in dem warmen weichen Wind.
Du schaust hinunter und erkennst die Stadt, die Häuser, das Fenster, aus dem du geflogen bist.
Langsam schwebst du wieder hinein in den Raum.
Atme ruhig und gleichmäßig.
Beim Ausamten lässt du die Luft aus dem Ballon.
Beim Einatmen nimmst du das Gefühl der glücklichen Reise auf.
Mit jedem Ausamten wirst du kleiner.

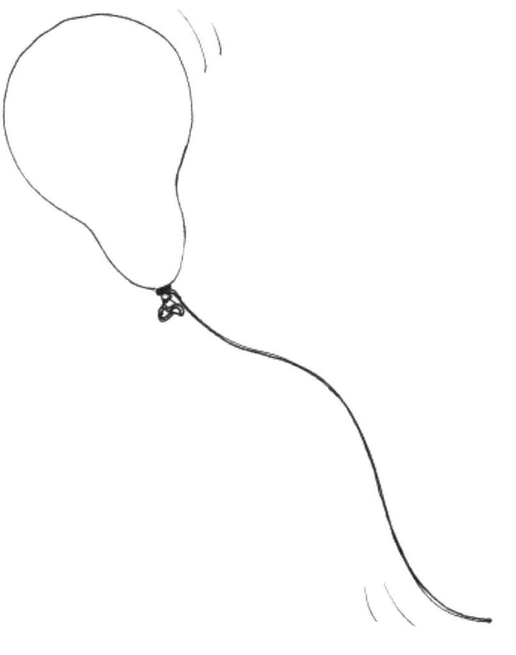

Beim nächsten Ausatmen wirst du so schwer, dass du dich wieder auf dem Boden spürst.
Du spürst deinen ganzen Körper, der entspannt und schwer auf dem Boden liegt.

Nun kommst du wieder in diesen Raum zurück, strecke und recke dich und öffne deine Augen.
Atme tief durch und setze dich langsam auf.

Abschluss

Fragen Sie die Kinder nach ihrem Empfinden als Luftballon:
Wie war dein Gefühl beim Einatmen und Größerwerden als Luftballon?
Wie war dein Gefühl beim Schweben?
Wie sah dein Fantasieluftballon aus?

Fantasiereise 9

Auf der Wiese

Alter: ab 4 Jahren

Dauer: 15 Minuten

Materialien: Ruhematten und Musik

Vorbereitung

Die Kinder nehmen Platz auf ihren Ruhematten. Nennen Sie ihnen den Titel der Fantasiereise.

Durchführung

Setze oder lege dich bequem hin.
Atme tief ein und aus.
Schließe beim Ausatmen die Augen, wenn du magst.
Nun atme noch einmal mit geschlossenen Augen tief ein und aus.

Stell dir vor du bist auf einer schönen, großen Wiese.
Du läufst mit nackten Füßen über das weiche Gras.
Es ist ein warmer Sommertag. Es geht dir gut.
In der Mitte der Wiese entdeckst du einen großen Baum.
Du gehst zu ihm hin.
Du bist etwas müde geworden und setzt dich mit dem Rücken an den Baumstamm.
Du schaust nach oben.
Die Baumkrone ist ausladend und voll von saftigen grünen Blättern.
Du hörst Vögel zwitschern.
Du bist ganz ruhig und hörst zu.
Der Baum ist groß und alt. Er könnte dir viele Geschichten erzählen.
Du spürst seine Kraft.
Sie gibt dir Halt.
Du atmest diese Kraft tief ein.
Beim Ausatmen bewegt er seine Blätter.
Du fühlst dich stark.
Du schaust auf die Wiese und entdeckst bunte Schmetterlinge, die in der Sonne tanzen.
Es sieht lustig aus und du musst lachen.
Du schaust weiter und entdeckst auf einem Grashalm einen Marienkäfer, der dort hochläuft.
Plötzlich fliegt der Marienkäfer los.
Auch für dich wird es Zeit, wieder über die Wiese zu gehen.
Du stehst auf, schaust noch einmal den Baum an,
berührst seinen Stamm
und spürst die Kraft, die von ihm ausgeht.
Du gehst über die Wiese, spürst das weiche Gras unter deinen nackten Füßen.
Du fühlst dich voller Kraft.
Es geht dir gut.
Du atmest den Duft der Wiese ein und aus.
Du lässt noch einmal den Blick über die Wiese bis zu dem Baum gleiten und zurück.

Du kommst wieder in diesen Raum zurück, strecke und recke dich und öffne deine Augen.
Atme tief durch und setze dich langsam auf.

Abschluss

Fragen Sie die Kinder:
Wie sah dein Baum aus?
Wie war dein Gefühl, als du unter dem Baum gesessen hast?

Kapitel 2

Entspannung durch Bewegung

Leben und Lernen findet in und durch Bewegung statt. Unser Körper ist für die Bewegung geschaffen. Besonders bei Kindern stellt sich das Bedürfnis nach Ruhe erst dann ein, wenn sie sich ausgiebig bewegt haben.

Anstatt die Kinder mit Worten zur Ruhe zu bringen („Sitzt doch endlich still!“ oder „Kannst du nicht mal fünf Minuten ruhig sein?“) sollten wir ihnen Raum für Bewegung geben. Danach können Ruhephasen eingebaut werden.

Diese Ruhephasen sind zunächst kurz und erfolgen ohne große Konzentration. Aktivität und Stille sollten sich abwechseln, wobei die Bewegungsphase den größeren Anteil ausmacht. Die vorgeschlagenen Übungen arbeiten vorwiegend mit Vorstellungsbildern, die die Fantasie der Kinder ansprechen und eine aktive Mitarbeit erfordern.

Wichtig ist, dass das Pendeln zwischen Ruhe und Bewegung von den Kindern als sinnvoll erfahren wird und nicht als Belehrung durch Erwachsene. Eine positive Beziehung zur Ruhe wird nach einer Bewegungsphase automatisch hergestellt, da die Kinder anschließend das Bedürfnis haben, sich auszuruhen und zu entspannen.

Auf den folgenden Seiten finden Sie acht Übungen zur Entspannung und Bewegung.

Entspannung durch Bewegung 1

Der Schneeflockentanz

Alter: ab 3 Jahren

Dauer: 10–15 Minuten

Materialien: Handtrommel

Ort: Gruppen- oder Bewegungsraum

Vorbereitung

Sie erklären den Kindern das Bewegungsspiel.

Bewegungsphase

Die Kinder bewegen sich zum Rhythmus der Trommel durch den Raum wie Schneeflocken, die durch die Luft wirbeln, schweben und sich drehen.

Ist der Rhythmus schnell und laut, bewegen sich die Schneeflocken schnell, ist der Trommelrhythmus langsam, so tanzen auch die Schneeflocken langsam.

Ruhephase

Wenn kein Trommelschlag zu hören ist, legt sich jedes Kind ruhig auf den Boden.

Hinweis

Diese Übung kann entweder mit einer längeren Bewegungsphase und mehreren Wechseln zwischen schnellen und langsamen Rhythmen sowie einer abschließenden Ruhephase durchgeführt werden, oder es gibt mehrere Wechsel zwischen Bewegungs- und Ruhephase. Dabei sollten nicht mehr als drei Ruhephasen eingebaut werden.

Entspannung durch Bewegung 2

Der Tüchertanz

Alter: ab 3 Jahren

Dauer: 10–15 Minuten

Materialien: Chiffon-/Seidentücher, schnelle und langsame Musik

Ort: Gruppen- oder Bewegungsraum

Vorbereitung

Jedes Kind bekommt ein Tuch oder sucht sich ein Tuch aus. Sie erklären den Kindern den Tüchertanz.

Bewegungsphase

Zur Musik führt jedes Kind mit seinem Tuch passende Bewegungen aus. Es kann das Tuch in der Luft halten, es schwingen, werfen, damit tanzen, darauf balancieren. Die Musik unterstützt die Bewegung. Ein schneller Rhythmus lässt die Kinder schnelle Bewegungsformen ausführen und sich durch den Raum bewegen.

Ruhephase

Erklingt die langsame Musik, so werden die Tücher nur noch ganz sanft am Ort geschwungen, ohne Fortbewegung.

Entspannung durch Bewegung 3

Der Baum

Alter: ab 3 Jahren
Dauer: 10–15 Minuten
Materialien: keine
Ort: Gruppen- oder Bewegungsraum

Vorbereitung

Die Kinder verteilen sich mit oder ohne Schuhe im Raum. Teilen Sie den Kindern mit, dass es sich um eine Bewegungsgeschichte handelt, dass jedes Kind ein Baum ist und dass die Kinder nachmachen sollen, was Sie erzählen und vorzeigen. Sie erzählen die Geschichte mit den entsprechenden Bewegungen.

Durchführung

1. Der Baum steht fest im Boden verwurzelt. Durch die Wurzeln nimmt er aus der Erde seine Kraft.
Das Gewicht spielerisch von einem Bein auf das andere verlagern.

2. Wind kommt auf und bläst die Äste hin und her.
Die Hände und Arme werden zu Ästen, die die Kinder über den Kopf nehmen, die Arme gehen mit dem Wind nach rechts und nach links.

3. Es kommt ein Sturm auf. Er rüttelt und schüttelt den Baum und die Äste.
Die Kinder gehen etwas in die Hocke, die beiden Arme sind immer noch über dem Kopf, die Daumen verhaken sich. Der Oberkörper und die Arme bewegen sich schneller nach links und rechts, die Füße bleiben fest am Boden stehen.

Ruhephase

4. Aber der Baum steht fest verwurzelt auf der Erde, nichts kann ihn umwerfen. Der Sturm geht vorüber.
Die Kinder lassen ihre Arme nach unten sinken, die Schultern hängen locker, der Kopf wird etwas geneigt und es wird ruhig ein- und ausgeamtet. Die Kinder bleiben stehen.

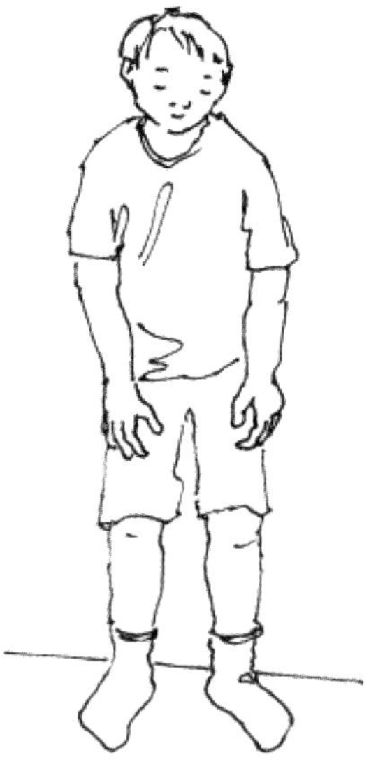

Hinweis

Die Baumübung wird noch zweimal wiederholt, insgesamt also dreimal durchgespielt, so dass alle Kinder mit der Geschichte und den Bewegungen vertraut werden und sie locker mitmachen.

Entspannung durch Bewegung 4

Der Fahrstuhl

Alter: ab 4 Jahren

Dauer: 10–15 Minuten

Materialien: keine

Ort: Gruppen- oder Bewegungsraum

Vorbereitung

Die Kinder verteilen sich mit Schuhen oder ohne im Raum. Teilen Sie ihnen mit, dass es sich um eine Bewegungsgeschichte handelt und dass die Kinder nachmachen sollen, was Sie erzählen und vorzeigen. Sie erzählen die Geschichte und machen selbst die entsprechenden Bewegungen vor.

Durchführung

1. Der Fahrstuhl steht im Keller.
Die Kinder gehen in die Hocke. Die Arme sind vor dem Körper ausgestreckt.

2. Der Fahrstuhl fährt in den ersten Stock.
Die Kinder gehen etwas nach oben, Po und Arme gehen mit, die Arme bewegen sich dabei leicht vor dem Kopf nach oben.

3. Andere Kinder steigen ein.
Die Kinder schauen nach links und rechts und tun so, als ob sie die anderen Kinder begrüßen würden.

4. Der Fahrstuhl fährt weiter bis zum vierten Stock.
Die Kinder kommen noch ein Stück höher, die Arme ebenfalls.

5. Einige Kinder steigen aus, andere Kinder steigen ein.
Die Kinder schauen wieder nach links und rechts und tun so, als begrüßen sie die anderen Kinder.

6. Der Fahrstuhl fährt weiter bis in den achten Stock. Endstation.

Die Kinder gehen so weit hoch, dass sie jetzt gerade stehen und die Arme nach oben gestreckt sind.

7. Alle Kinder aussteigen!

Die Kinder schütteln die Arme und die Beine aus und machen eine Aussteigebewegung.

8. Der Fahrtstuhl will wieder losfahren. Alle Kinder einsteigen!

Die Kinder steigen in den Fahrstuhl. Sie stehen gerade, die Arme gestreckt über dem Kopf.

9. Der Fahrstuhl fährt in den Keller zurück über den 7. Stock, den 6. Stock, den 5. Stock, den 4. Stock, den 3. Stock, den 2. Stock, den 1. Stock und in den Keller.

Die Kinder gehen bei jedem Aufzählen des nächsten Stockwerkes weiter in die Hocke. Dabei nehmen sie ihre Arme langsam nach vorne, bis sie „im Keller“ wieder die Grundposition erreicht haben.

Hinweis

Sie können diese Übungen beliebig fortsetzen, in der Regel reicht es, den Fahrstuhl zwei- bis dreimal hinauf- und hinunterfahren zu lassen. Beenden Sie das Bewegungsspiel im achten Stock, wenn die Kinder aussteigen und Arme und Beine ausgeschüttelt haben.

Entspannung durch Bewegung 5

Erde, Sonne, Mond und Sterne

Alter: ab 3/4 Jahren
Dauer: 10–15 Minuten
Materialien: keines
Ort: Gruppen- oder Bewegungsraum

Vorbereitung

Erklären Sie den Kindern zunächst die Spielregeln und üben Sie die Grundhaltungen mit ihnen.

Bei dem Begriff „Sonne“ stehen die Kinder im Raum, schauen nach oben (in die Sonne) und kreisen die Arme von oben nach unten (symbolisch für die Sonnenstrahlen).

Bei „Erde“ krabbeln die Kinder auf dem Boden umher.

Bei „Sterne“ stehen die Kinder am Platz, strecken ihre Arme nach oben und spreizen ihre Finger, formen sie wieder zu einer Faust und spreizen wieder die Finger.

Bei „Mond“ legen sich die Kinder flach auf dem Boden und machen die Augen zu.

Bewegungsphase

Die Kinder gehen ruhig durch den Raum. Wenn Sie einen der vier Begriffe rufen, führen die Kinder die entsprechende Übung während ca. 15 Sekunden aus, dann gehen sie ruhig weiter im Raum umher. Rufen Sie die vier Begriffe in unterschiedlicher Reihenfolge aus und ändern Sie auch das Tempo zwischen den Wechseln, um mehr Spannung und Variation zu bieten.

Ruhephase

Die Ruhephase beim Begriff „Mond“ sollte anfangs kurz gehalten werden, nach einigen Übungen kann die Ruhephase bis auf 30 Sekunden erhöht werden.

Sonne

Stern

Erde

Mond

Der Zauberer und die Tiere

Alter: ab 3 Jahren

Dauer: 15 Minuten

Materialien: keines

Ort: Gruppen- oder Bewegungsraum

Vorbereitung

Stellen Sie, am besten gemeinsam mit den Kindern, eine Liste von Tieren zusammen und überlegen Sie, wie sich diese bewegen. Suchen Sie sich Tiere aus, die verschieden aussehen, sich verschieden bewegen und verhalten: laut und leise, langsam und schnell, groß und klein, schwer und leicht. Üben Sie mit den Kindern die einzelnen Tierbewegungen. Wichtig sind dabei die „Schnecke" oder andere langsame und ruhige Tiere.

Nach dieser Vorbereitung erklären Sie den Kindern die Spielregeln: Als Zauberer werden Sie die Kinder durch Zurufen in verschiedene Tiere verwandeln, als die sie sich dann durch den Raum bewegen sollen.

Bewegungsphase

Die Kinder laufen im Raum umher, Sie verwandeln als Zauberer die Kinder in Tiere: Elefanten (stampfend durch den Raum), Tiger (brüllend auf allen Vieren), Frösche (hüpfend), Schmetterlinge (flatternd), Krebse (auf allen Vieren rückwärts laufend).

Ruhephase

Für die Ruhephasen werden die Kinder in eine Schnecke verwandelt, die sich in ihr Haus verkriecht, um sich auszuruhen. Dabei rollen sich die Kinder in der Hocke ein.

Auch andere, sich langsam bewegende Tiere wie beispielsweise Schildkröte oder Raupe eignen sich für die Ruhephase.

Elefant

Löwe

Frosch

Schnecke

Entspannung durch Bewegung 7

Die geschmeidige Katze

Alter: ab 3 Jahren

Dauer: 10–15 Minuten

Materialien: keine

Ort: Gruppen- oder Bewegungsraum

Einführung

Sprechen Sie mit den Kindern über Katzen: „Wer von euch hat eine Katze?", „Wie sieht sie aus?", „Was machen die Katzen für Bewegungen?"
Machen sie zusammen mit den Kindern typische Katzenbewegungen nach.

Bewegungsphase

Die Ausgangsposition ist der „Vierfüßler": Die Knie befinden sich in Beckenbreite, die Hände und Arme in Schulterbreite.

1. Die Katze reckt und streckt sich.
Die Hände und Arme bleiben vorne, der Po geht weiter nach hinten. Jetzt gehen die Schultern wieder vor und die Beine werden abwechselnd nach hinten gestreckt.

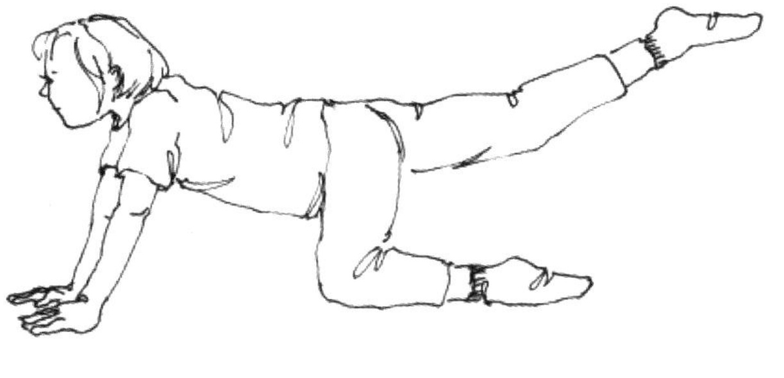

2. Die Katze geht geschmeidig umher.
Die Kinder bewegen sich im „Vierfüßlergang" geschmeidig (langsam und grazil) durch den Raum. Sie schauen dabei nach links, nach rechts und nach oben.

3. Die Katze putzt sich.
Die Kinder halten an und „putzen" sich. Zuerst wird die rechte Schulter „saubergeleckt", dann die linke. Danach wird das linke Knie „geputzt", dann das rechte.

4. Die Katze hat Durst.
Die Kinder sind immer noch im „Vierfüßler". Sie ahmen eine Katze nach, die trinkt.

5. Die Katze spielt mit einer Fliege.
Die Kinder legen sich auf den Rücken und versuchen, mit ihren „Tatzen" (Händen und Füßen) eine imaginäre Fliege zu erwischen.

Ruhephase

6. Die Katze ruht sich aus.
Die Kinder bleiben auf dem Rücken liegen und sind ganz ruhig.

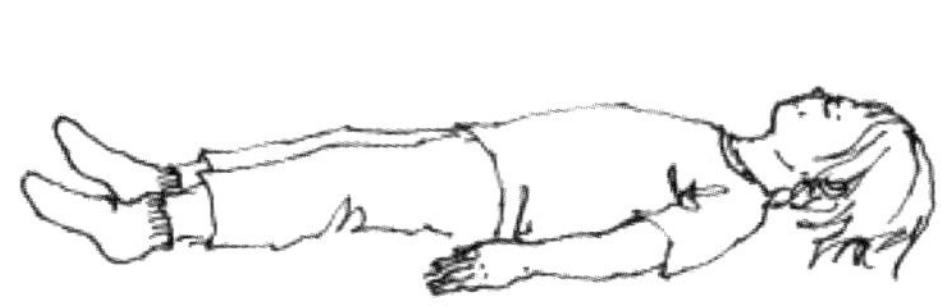

Hinweis

Wird die Übung zwei- bis dreimal hintereinander durchgeführt, kann die Ruhephase zeitlich ausgedehnt werden.

Entspannung durch Bewegung 8

Von der Raupe zum Schmetterling

Alter: ab 3 Jahren

Dauer: 10–15 Minuten

Materialien: keine

Ort: Gruppen- oder Bewegungsraum

Vorbereitung

Sprechen Sie mit den Kindern über Raupen und Schmetterlinge. Vielen Kindern ist das Buch „Die kleine Raupe Nimmersatt" ein Begriff. Das hilft ihnen, sich schneller in die Bewegungseinheit einzufühlen.

Bewegungsphase

Ausgangsposition ist die Bauchlage.

1. Die Raupe sitzt auf einem Ast und ruht sich aus.
Die Kinder liegen auf dem Bauch.
Die Stirn liegt auf dem Handrücken
oder auf den Unterarmen.

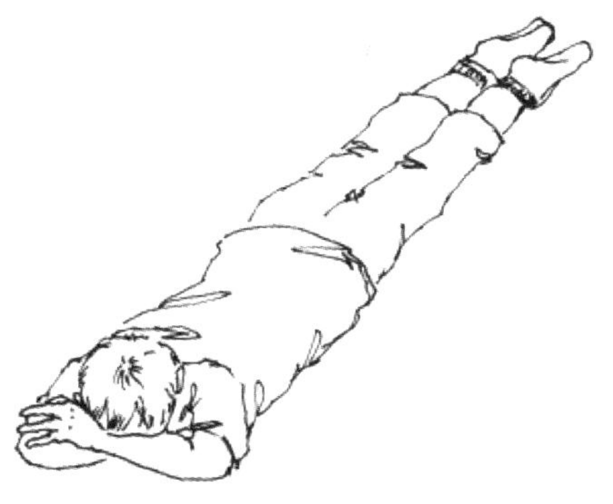

2. Die Raupe schaut sich neugierig auf dem Ast um.
Die Kinder stützen ihren Oberkörper auf den Händen nach oben. Sie schauen dabei nach links und rechts.

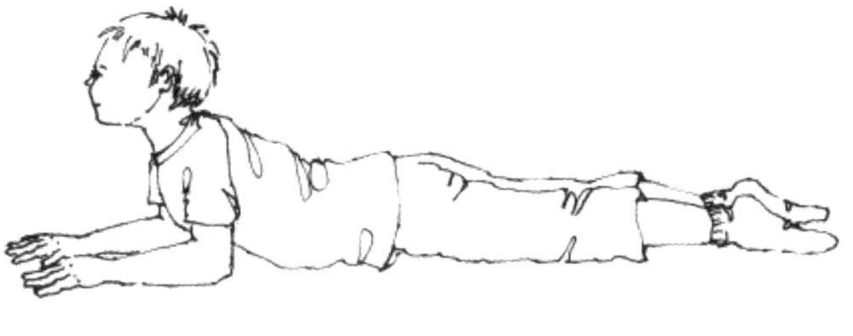

3. Die Raupe macht einen Körperbogen.
Der Körper der Kinder liegt mit sechs Berührungspunkten auf dem Boden, nur das Kinn, die Brustmitte, die Knie, die Zehen und die Fußballen berühren den Boden. Die Hände liegen neben den Schultern und der Po wird hoch in die Luft gestreckt.

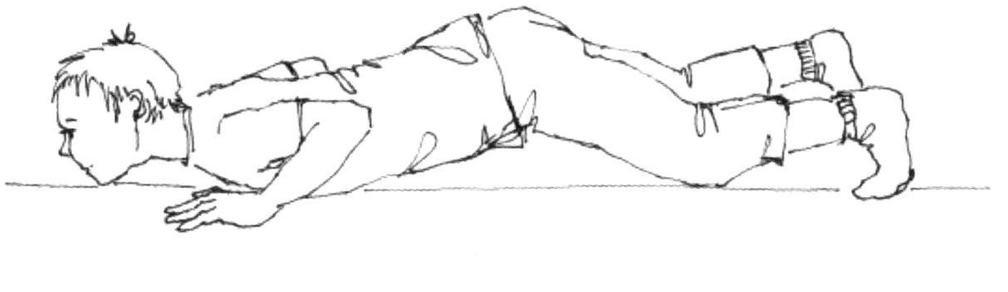

4. Die Raupe frisst ein Loch in das Blatt.

Die Kinder heben aus der vorherigen Position die Schultern mit Hilfe ihrer Arme hoch, der Kopf bleibt unten, und sie ahmen das Abbeißen und Essen nach.

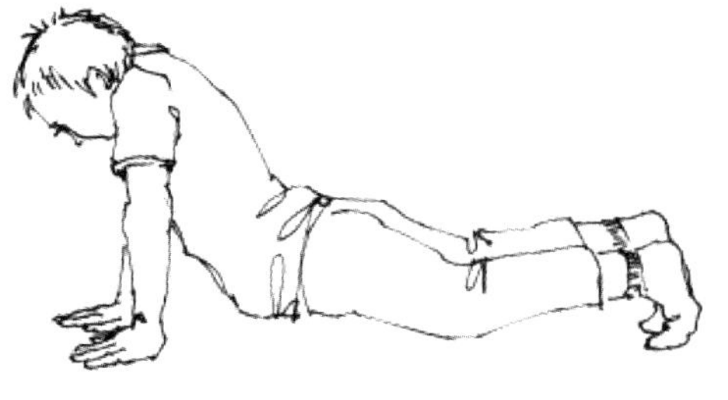

5. Die Raupe ist vollgefressen und schläft jetzt in ihrem Kokon ein.

Die Kinder rollen sich im Fersensitz zusammen. Die Stirn berührt vor den Knien den Boden.

6. Es ist soweit. Aus der Raupe wird ein Schmetterling, der sich aus seinem Kokon befreit.

Die Kinder richten sich langsam auf, strecken und recken sich.

7. Der Schmetterling glättet seine Flügel

Die Kinder stehen und streifen („glätten") mit der rechten Hand von der rechten Hüfte bis zum Fuß hinunter und mit der linken Hand den rechten Arm von der Schulter bis zu den Fingern aus.

Danach streifen („glätten") sie mit der linken Hand das linke Bein von der linken Hüfte bis zum linken Fuß hinunter und mit der rechten Hand den linken Arm von der Schulter bis zu den Fingern aus.

8. Du bist ein schöner bunter Schmetterling der fliegt.
Die Kinder breiten ihre Flügel (Arme) aus und machen weiche Flugbewegungen.

9. Der Schmetterling ruht sich auf einer schönen Blume aus.
Die Kinder lassen langsam die Flügel sinken, setzen sich in den Schneidersitz und lassen den Kopf hängen oder liegen auf dem Rücken und ruhen sich aus.

Ruhephase

Im Verlauf dieser Geschichte sind drei Ruhephasen eingebaut, die sich in der Intensität steigern. Die erste Ruhephase kommt bereits am Anfang der Übung 1 vor und ist sehr kurz. Die zweite Ruhephase ist die Raupe im Kokon (Übung 5), die etwas länger dauern sollte. Die letzte Ruhephase, die längste, ist zum Schluss die Übung 9 und sollte zeitlich nach eigenem Ermessen abgehalten werden. Versuchen Sie zu spüren, wie lange die Kinder sich in der Ruhephase wohlfühlen und beenden Sie die Übung, bevor sie unruhig werden.

Kapitel 3

Entspannung durch gegenständliche Wahrnehmung

Bei der gegenständlichen Wahrnehmung wird die Entspannung mit Hilfe eines Gegenstandes angestrebt. Das können Steine, Blumen, Kristalle, Muscheln usw. sein. Solche Entspannungsübungen können sowohl im Raum als auch in der freien Natur stattfinden.

Die gegenständliche Wahrnehmung ist eine für den Elementarbereich sehr geeignete Entspannungsform, da den Kindern die Materie vertraut ist. Durch das äußere Betrachten und das Berühren entsteht eine immer feinere Wahrnehmung des Gegenstandes.

Es gibt zwei Möglichkeiten, mit Hilfe von Gegenständen zur Ruhe zu kommen:

a) Der Gegenstand wird in einer Höhe und einer Entfernung hingestellt, wo er für die Kinder gut sichtbar ist. Alles, was ablenken könnte, sollte entfernt werden.

   Die Augen ruhen ohne Anstrengung auf dem Objekt. Anfangs wird der Gegenstand mit geöffneten Augen betrachtet, dann wird er mit geschlossenen Augen verinnerlicht. Mit zunehmender Gelassenheit lässt sich eine Verbindung vom Gegenstand zu sich selbst wahrnehmen.

b) Jedes Kind hat einen eigenen Gegenstand, zum Beispiel einen Stein. Dieser Gegenstand wird zunächst von allen Seiten betrachtet. Danach wird er in die Hand genommen und mit geschlossenen oder offenen Augen befühlt.

   Sind die Augen beim Befühlen bzw. Halten des Gegenstandes geschlossen, wird eine tiefere Entspannung erzeugt.

Bei der Arbeit mit Kindern ist für die gegenständliche Wahrnehmung die zweite Methode vorzuziehen, bei der die Kinder die Gegenstände berühren.

Auf den folgenden Seiten werden vier Übungen vorgestellt:

Gegenständliche Wahrnehmung 1

Entspannung mit Steinen

Alter: ab 4/5 Jahren

Dauer: 15–20 Minuten

Materialien: für jedes Kind ein Stein, wobei darauf geachtet werden sollte, dass die Steine bezüglich Größe, Form, Gewicht und Oberflächenbeschaffenheit verschieden sind, evtl. Musik

Ort: Gruppen-/Klassenraum

Vorbereitung

Sie stellen ein Gefäß mit Steinen in den Kreis. Erklären Sie den Kindern den Ablauf der Entspannungseinheit.

Durchführung

Die Kinder setzen sich im Schneidersitz in einen Kreis und schließen die Augen. Gehen Sie mit dem Gefäß zu jedem Kind, das sich mit geschlossenen Augen einen Stein aussucht.
Die Kinder halten ihren Stein in der Hand. Sie lassen die Augen geschlossen.
Fordern Sie die Kinder auf, den Stein bewusst mit den Händen zu spüren:

- Wie fühlt er sich an?
- Ist er kalt oder warm?
- Hat er eine glatte Oberfläche oder eine raue?
- Ist er schwer oder ist er leicht?

Wenn die Kinder ihren Stein eine Weile befühlt haben, fordern Sie sie auf, ihn vor sich auf den Boden zu legen. Die Augen bleiben immer noch geschlossen.
Nun reicht jedes Kind seinen Stein an das Nachbarkind zur Rechten weiter und empfängt den Stein des Nachbarkindes zur Linken.
Jedes Kind befühlt den neuen Stein in seiner Hand.
Stellen Sie die gleichen Fragen wie in der ersten Runde.
Wenn die Kinder den Stein eine Weile befühlt haben, sollen sie ihn wieder vor sich auf den Boden legen. Dann reicht jedes Kind den Stein an seinen ursprünglichen „Besitzer" zurück und erhält auch seinen eigenen Stein vom Nachbarkind zur Rechten zurück und befühlt ihn eine Weile. Erkennt es seinen Stein wieder? Woran?

Abschluss

Sprechen Sie mit den Kindern über ihre Sinneseindrücke:
Welche Form hatten die Steine?
Wie haben sie sich angefühlt?
Wie habe ich meinen Stein wiedererkannt?
Welche Oberfläche hat er? Ist er rau, glatt, kantig?

Hinweis

Statt dass die Kinder die Steine selbst weiterreichen, können auch Sie die Steine einmal oder mehrfach austauschen.
Verwenden Sie die Steine weiter und lassen Sie jedes Kind seinen Stein gestalten. Er kann z. B. bemalt oder Bestandteil einer Figur (Igel, Maus) werden.
Dieselbe Übung kann auch ideal mit Muscheln durchgeführt werden, da es viele sehr unterschiedlich geformte Muscheln gibt mit interessant gestalteten Oberflächen.

Gegenständliche Wahrnehmung 2

Entspannung im Freien

Alter: ab 4/5 Jahren

Dauer: 15–20 Minuten

Materialien: jedes Kind sucht sein eigenes Material; evtl. für jedes Kind eine Papierserviette

Ort: im Freien: Wald, Wiese, Schulhof, Garten

Vorbereitung

Gehen Sie mit den Kindern ins Freie. Dabei ist es egal, ob es sich um den Kindergartenbereich, den Schulhof, Wald, Wiese oder einen Garten handelt. Dort setzen Sie sich mit den Kindern in einen Kreis und erklären die Übung.

Durchführung

Die Kinder sollen herumgehen, jedes für sich, ohne miteinander zu sprechen. Dabei sollen sie sich in Ruhe umschauen und ein bis drei kleine Dinge (Blätter, Rinde, Tannenzapfen, Steine, Sand, Blume) sammeln, die ihnen besonders gut gefallen.

Wer fertig ist, setzt sich wieder in den Kreis und legt seine Gegenstände vor sich hin (evtl. in eine Papierserviette eingewickelt).

Wenn sich alle Kinder hingesetzt haben, darf jedes der Reihe nach seine Fundstücke vorstellen und erzählen, warum es diese Gegenstände gesammelt hat. Dabei befühlt das Kind seinen Gegenstand und kann sich auch zu dem taktilen Reiz äußern.

Zur Unterstützung können Sie folgende Fragen stellen:

- Was hat dir an diesem Gegenstand speziell gut gefallen?
- Verbindest du mit diesem Gegenstand ein besonderes Erlebnis?
- War die Form oder die Farbe wichtig für die Entscheidung?
- Wie fühlt sich der Gegenstand an?

Abschluss

Die Kinder schließen die Augen und befühlen noch einmal intensiv ihre Gegenstände.

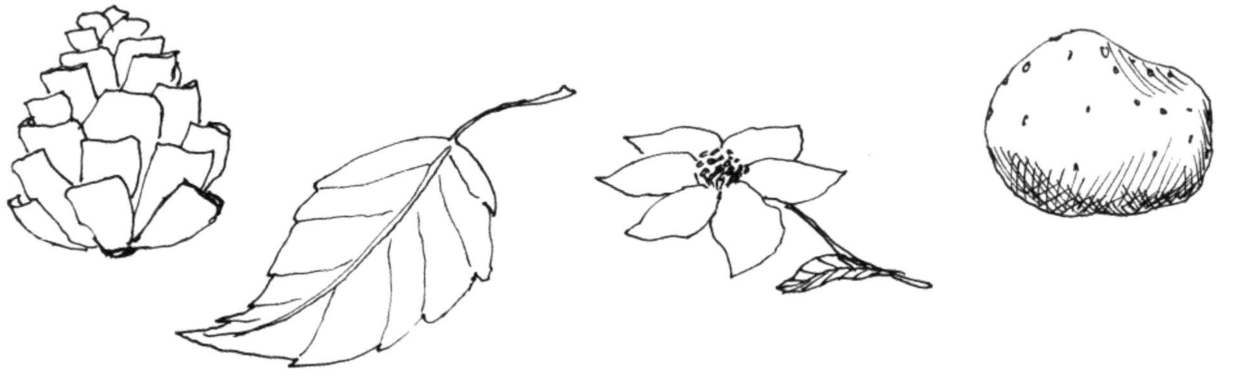

Gegenständliche Wahrnehmung 3

Entspannung mit Knete

Alter: ab 5 Jahren

Dauer: 15–20 Minuten

Materialien: Knete für jedes Kind, evtl. eine Unterlage

Ort: Gruppen-/Klassenraum

Vorbereitung

Für den Einstieg in diese Entspannungsübung gibt es zwei Möglichkeiten:

a) Jedes Kind bekommt ein Stück Knete in die Hand, die Augen der Kinder sind dabei geöffnet und sie wissen, dass es sich um Knete handelt. Nun schließen sie die Augen.

b) Die Kinder schließen die Augen und öffnen ihre Hände wie eine Schale; Sie legen ihnen ein Stück Knete in die Hand. Die Kinder wissen vorher nicht, dass es sich um Knete handelt.

Durchführung

Die Kinder befühlen mit geschlossenen Augen das Material. Währenddessen stellen Sie folgende Fragen:

- *Wie fühlt sich das Material an?*
- *Ist es kalt oder warm, ist es weich oder hart?*

Formt jetzt mit geschlossenen Augen das Material.
Folgt dabei eurem inneren Gefühl und eurer momentanen Lust und Laune. Es muss nicht ein erkennbarer Gegenstand geformt werden oder etwas Kompliziertes. Versucht, die Gefühle in eurem Innern zu spüren und ohne viel nachzudenken etwas zu formen.

Ist das Gebilde fertig, so legt oder stellt es vor euch hin.

Die Augen bleiben geschlossen, bis ein Signal ertönt (es kann hier ein beliebiges Signal genommen werden, Sie können auch einfach die Aufforderung geben, die Augen zu öffnen).

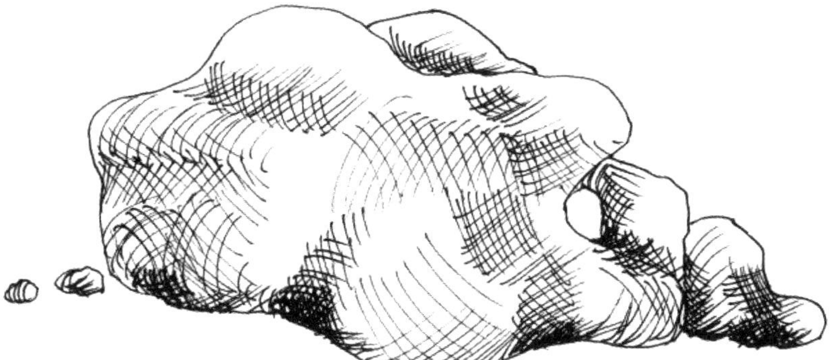

Abschluss

Wählen Sie für den Abschluss eine der folgenden Möglichkeiten:

a) Die Kinder betrachten zuerst ihr eigenes Werk. Dann kann jedes Kind aus der Runde sein Werk zeigen und berichten, warum es ihm diese Form gegeben hat, was das Gebilde darstellen soll und was das Kind fühlte, als es dieses Gebilde formte.

   Wenn genügend Zeit zur Verfügung steht, können die anderen Kinder in die Diskussion des Gebildes mit einbezogen werden.

b) Die Kinder drehen sich paarweise zueinander und betrachten gegenseitig ihre Gebilde. Sie tauschen sich darüber aus, wie ihre Gebilde entstanden sind, was sie darstellen, wie es sich anfühlte sie zu formen, was für Gefühle während des Arbeitens da waren.

Gegenständliche Wahrnehmung 4

Entspannung mit einer Kerze und einem eigenen Gegenstand

Alter: ab 5 Jahren

Dauer: 15–20 Minuten

Materialien: für jedes Kind ein Teelicht und eine Serviette sowie ein Gegenstand, den das Kind mitgebracht hat (Die Kinder können einen Gegenstand ihrer Wahl mitbringen, der in eine Hand passt, oder es wird themenbezogen ein Gegenstand mitgebracht, z. B. etwas aus dem Garten, aus der Legokiste oder aus der Bauecke.)

Ort: Gruppen-/Klassenraum

Vorbereitung

Die Kinder sitzen im Kreis, ideal ist ein Schneidersitz. Wichtig ist eine gerade Haltung. Vor jedem Kind liegt eine Serviette, auf die es den mitgebrachten oder ausgesuchten Gegenstand legt. Daneben stellen Sie ein angezündetes Teelicht. Die Gegenstände sind somit beleuchtet.

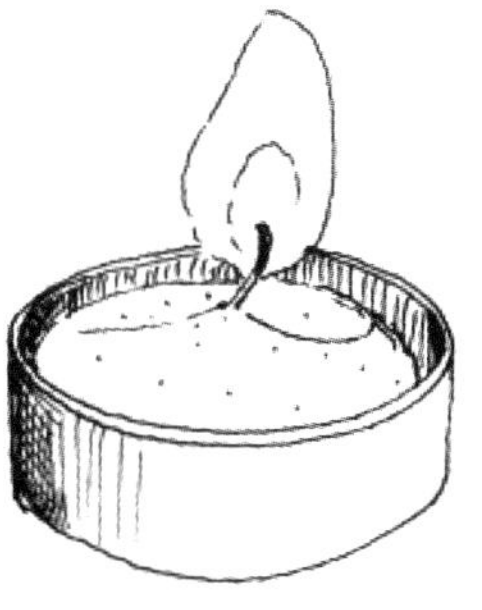

Erklären Sie den Kindern, dass Sie sie auf eine Entspannungsreise mitnehmen und dass sie einfach gut zuhören und das tun sollen, was Sie sagen werden.

Durchführung

Ich lade dich ein zu einer Entspannungsreise mit dem, was du mitgebracht hast.
Setze dich bequem und gerade hin.
Atme ruhig und gleichmäßig ein und aus.

Du betrachtest das Licht vor dir auf dem Boden.
Du lässt deinen Atem immer ruhiger werden.
Dein Körper entspannt sich immer mehr.
Wenn du magst, kannst du deine Sitzposition verändern, du sollst aber dein Licht und deinen Gegenstand gut sehen können.
Schau dir das Licht genau an, die Farben der Flamme, die Leuchtkraft, die Bewegung und auch die Ruhe der Flamme.
Du spürst, wie du ruhiger wirst.
Du atmest weiter gleichmäßig ein und aus.
Dein Körper entspannt sich.
Du spürst die Wärme des Lichtes.
Du siehst, wie das Licht deinen Gegenstand anstrahlt, ihn zum Leuchten bringt.
Du schaust nun deinen Gegenstand an.
Du nimmst ihn in die Hand.
Du betrachtest ihn genau.
Du spürst ihn in deinen Händen.
Wie ist seine Form: rund, eckig, oval?
Wie fühlt er sich an: weich, hart?
Wie groß ist er?

Wie ist seine Farbe?
Das ist dein besonderer Gegenstand, dein Freund, dein Glücksbringer.
Schließe nun deine Augen und spüre deinen Gegenstand in den Händen.
Spüre die Kraft und die Wärme, die von ihm ausgehen.
Es ist dein besonderer Gegenstand.
Du spürst, wie du gleichmäßig ein- und ausatmest.
Du spürst, wie entspannt dein Körper ist.
Du spürst die Kraft, die von deinem Kopf über deine Schultern, Arme und Hände, über deinen Rücken, Bauch und Po bis zu deinen Beinen und Füßen geht.

Du kommst wieder in diesen Raum zurück.
Atme tief durch und lege deinen Gegenstand wieder zurück.

Abschluss

Fragen Sie die Kinder nach ihrem Empfinden während und nach der Entspannungsübung.

Kapitel 4

Weitere Entspannungsübungen

In diesem Kapitel werden weitere Entspannungsübungen vorgestellt, die besonders für Kinder geeignet sind.

Kapitel 4.1

Entspannung durch Atmen

Der bewusste Einsatz der Atmung gehört im Prinzip zu allen Entspannungsformen.

Es gibt viele Möglichkeiten, mit der Atmung umzugehen bzw. zu spielen und sich dabei zu entspannen. Hier werden einige Atemübungen vorgestellt, die zum einen eine Grundlage zum entspannten Atmen bieten und zum anderen mit Kindern gut durchzuführen sind.

Wichtig ist, dass sich die Kinder der Atmung bewusst werden und merken, dass es unterschiedliche Möglichkeiten des Atmens gibt.

Die Bauchatmung

Die Kinder legen sich auf den Rücken und legen die Hände auf den Bauch. Sie werden aufgefordert, tief in ihren Bauch einzuatmen. Dabei werden die Lungen mit Luft vollgesaugt. Dadurch werden die Bauchorgane nach unten zum Beckenboden und nach vorne zum Bauch gedrückt. Es ergibt sich eine Bewegung nach vorne. Daher kommt der Begriff „Bauchatmung".

Dies ist eine normale Atembewegung, die in allen Körperhaltungen stattfinden kann und in ruhigen Situationen angewendet werden sollte.

Wenn die Kinder die Bauchatmung einige Male bewusst unter Ihrer Anweisung wiederholen, beherrscht jedes die Atmung und weiß, worum es sich handelt, wenn Sie den Begriff verwenden. Die Hände sollten dabei immer auf dem Bauch liegen, damit die Kinder die Atmung auch über ihre Hände spüren.

Die Brustatmung

Die Kinder legen sich auf den Rücken. Ihre Hände ruhen auf den unteren Rippenbögen.

Fordern Sie die Kinder auf, tief in die Brust einzuatmen. Dabei dehnen sich die Rippen nach allen Seiten aus. Es strömt mehr Luft nach innen. Besonders bei Anstrengungen wird diese Atmung durchgeführt. Sie ist auch beim Singen wichtig, was besonders am schnellen Luftholen sichtbar wird.

Um die Brustatmung zu zeigen, können Sie auch mit den Kindern singen.

Die Schlüsselbeinatmung

Diese Atmung sollten Sie mit den Kindern nicht üben. Es ist eine Atemtechnik die nicht zur Entspannung, sondern zur Verspannung gehört, z. B. wenn wir erschrecken. Die Atmung geht über die Schulter- und Halsmuskulatur. Bei Kindern, die Atemprobleme wie Asthma haben, sieht man die Schlüsselbeinatmung häufig. Für solche Kinder ist es wichtig, ruhige Phasen zu haben, in denen „natürlich" geatmet wird.

Übungen zur Atmung

Um den Kindern das bewusste Atmen näher zu bringen, werden hier vier Übungen bzw. Atemspiele vorgestellt:

Entspannung durch Atmen 1

Atmen wie eine Welle

Alter: ab 5 Jahren

Dauer: 10 Minuten

Materialien: keine

Ort: Gruppen- oder Bewegungsraum

Einleitung

Erklären Sie den Kindern, dass die folgende Atemübung Wellenatmung heißt und sich jedes Kind gut auf seinen Körper konzentrieren muss.

Durchführung

Die Kinder legen sich auf den Rücken. Dabei sollten sie kein Hohlkreuz machen. Die Arme werden neben den Körper gelegt, die Handflächen liegen am Boden.

Nun atmen die Kinder stark durch die Nase ein, halten die Luft (den Atem) an, drücken den Atem in den Bauch, dann wieder von dem Bauch in die Rippen und in die Brust.

Wenn die Kinder den Atem gut halten können, atmen sie nun wieder zurück. Das heißt sie drücken den Atem in die Rippen, dann in den Bauch und atmen von dort über den Mund aus.

Danach sollen sich die Kinder entspannen und gleichmäßig atmen. Bei dieser Atemübung entsteht eine Wellenbewegung.

Die Wellenatmung kann drei- bis fünfmal durchgeführt werden. In der Regel weiß dann jedes Kind, wie eine Wellenatmung geht.

Atemspiel mit dem Strohhalm – den Atem gezielt einsetzen

Alter: ab 5 Jahren

Dauer: 10 Minuten

Materialien: Strohhalm für jedes Kind, Wattebausch oder Papierknäuel

Ort: Gruppen- oder Bewegungsraum

Einleitung

Es legen sich immer fünf Kinder im Kreis bäuchlings auf den Boden. An Tischen ist diese Übung schwieriger, da immer etwas hinunterfallen kann und damit der Sinn des Spiels gestört wird.
Jedes Kind hat einen Strohhalm und jede Gruppe hat einen Wattebausch oder ein Papierknäuel. Erklären Sie den Kindern, dass jetzt ein Atemspiel gespielt wird.

Durchführung

Die Kinder blasen mit dem Strohhalm einen Wattebausch oder ein rundes Papierknäuel im Kreis langsam von einem zum anderen.
Haben sich die Kinder an das Pusten mit dem Strohhalm gewöhnt, fordern Sie die Kinder auf, schneller zu pusten. Dabei werden Sie merken, dass sich die Atmung der Kinder verändert und mehr Aufregung in das Spiel kommt. Zusätzlich können Sie zwei oder drei Wattekugeln in die jeweilige Gruppe geben. Die Atmung wird sich auch durch die Spannung und oftmals durch das Lachen verändern.

Hinweis

Wichtig bei dieser Übung ist, dass die Kinder den Gegenstand nicht mit der Hand berühren dürfen, also nur durch den Strohhalm pusten.

Abschluss

Fragen Sie die Kinder:
Wie hast du deine Atmung empfunden? Hat sich deine Atmung anders angefühlt als sonst? Hast du einen Unterschied zwischen dem schnellen Pusten und dem langsamen bemerkt?

Entspannung durch Atmen 3

Atemspiel mit einem Tischtennisball

Alter: ab 5 Jahren

Dauer: 10 Minuten

Materialien: jeweils ein Tischtennisball für zwei Kinder

Ort: Gruppen- oder Bewegungsraum

Einleitung

Es legen sich jeweils zwei Kinder einander gegenüber bäuchlings auf den Boden. Sie haben gemeinsam einen Tischtennisball.
Erklären Sie den Kindern, dass jetzt ein Atemspiel gespielt wird.

Durchführung

Die Kinder pusten sich vorsichtig den Tischtennisball zu. Dabei darf keines den Ball mit den Händen berühren. Er darf nur mit dem Atem bewegt werden.

Abschluss

Fragen Sie die Kinder:
Wie hast du deine Atmung empfunden? Hat sich deine Atmung anders angefühlt als sonst?

Hinweis

Eine ideale Kombination ergibt sich, wenn zuerst die Übung mit dem Strohhalm (s. S. 62) und anschließend diese Übung mit dem Tischtennisball durchgeführt wird. Die Kinder können deutlich den Unterschied ihrer Atmung erkennen, wenn sie durch den langen, dünnen Strohhalm gezielt atmen oder ohne Hilfsmittel, nur mit ihrem Atem etwas bewegen (Tischtennisball).

Klangatmen

Alter: ab 5 Jahren

Dauer: 10–15 Minuten

Materialien: keine

Ort: Gruppen- oder Klassenraum

Einleitung

Bei der Übung sitzen die Kinder bequem auf ihrem Stuhl oder im Schneidersitz am Boden. Erklären Sie den Kindern, was die Klangatmung ist: Unter einer Klangatmung verstehen wir das Erzeugen eines Lautes beim Ausatmen. Klänge und Laute lassen sich dabei mit Konsonanten und/oder Vokalen erzeugen, z. B. einzeln ein mmmmmmm, aaaaaa oder in Verbindung von Vokalen und Konsonanten uuuuuuummmmmmmaaaaaaa.
Fangen Sie zuerst mit einer Konsonantenübung an, z. B. mit mmmmmm oder ffffff und fahren Sie dann mit einer Vokalübung fort, z. B. mit aaaaaa oder iiiiii.

Durchführung

Atme langsam und tief ein, halte kurz deinen Atem und mach beim Ausatmen einen mmmmmm-Laut. Lege dabei die Lippen locker aufeinander. Du spürst, wie die Lippen vibrieren. Beobachte nun genau:

... bei einem aaaaaa-Laut spürst du ein Vibrieren der Kehle,

... bei einem iiiiii-Laut spürst du, dass der Laut aus dem Hals kommt,

... bei einem eeeeeee-Laut spürst du, dass der Laut aus der Brust und dem Magenbereich kommt,

... bei einem ooooooo-Laut spürst du, dass der Laut aus dem Bauch kommt,

... bei einem fffffff-Laut, spürst du, dass Zunge und Lippen eng zusammenarbeiten.

fff

aaa

Abschluss

Fragen Sie die Kinder:
Wie hast du deine Klangatmung empfunden? Hat sich deine Atmung anders angefühlt als sonst? Hast du eine Veränderung der Atmung bei den verschiedenen Lauten gespürt?

Hinweis

Machen Sie mit beim Klangatmen, damit sich die Hemmschwelle verringert. Eine Steigerung, die vor allem für die Arbeit mit älteren Kindern geeignet ist, ergibt sich durch die Verbindung von Konsonanten und Vokalen, z. B. oooooooommmmmmmaaaaaaa. Dabei ist ein überdeutliches Ausatmen mit Mundbewegung wichtig. Ziel dieser Klangatmung ist es, das Ausatmen zu verlängern und so zu einem insgesamt ruhigeren Atmen zu kommen. Zusätzlich werden damit die Mundmuskeln trainiert, Buchstaben werden in Abfolge geübt, was sich positiv auf die Aussprache auswirkt, und die Kinder lernen zu spüren, welche Teile des Körpers für die Klänge und die Atmung zuständig sind.

Kapitel 4.2

Entspannung durch Pantomime

Pantomimen eignen sich ausgezeichnet für Stilleübungen. Bei Kindern sind sie sehr beliebt, da sie mit ihrem Körper etwas ausdrücken können, ohne zu reden. Dabei können sie sich je nach Übung sogar bewegen, was besonders den Kindern zugute kommt, die sehr unruhig sind.

Wichtig ist bei jeder dieser Übungen, dass die Kinder nicht reden dürfen und dass kein Leistungszwang erzeugt wird, d. h. es sollten keine Pantomimen als Ratespiele durchgeführt werden.

Im Folgenden werden drei Übungen zur Entspannung durch Pantomime vorgestellt:

Entspannung durch Pantomime 1

Die Pantomimengeschichte

Alter: ab 4/5 Jahren

Dauer: 10–15 Minuten

Materialien: keine

Ort: Gruppen- oder Klassenraum

Einleitung

Erklären Sie den Kindern den Ablauf der Pantomimengeschichte: Sie werden eine Geschichte erzählen und die Aufgabe der Kinder besteht darin, alles pantomimisch darzustellen, was in der Geschichte vorkommt.
Tische und Stühle werden beiseite geschoben. Die Kinder stehen verteilt im Raum.
Während Sie die Geschichte erzählen, ist bei kleinen Kindern wichtig, dass Sie eine Hilfestellung geben, indem auch Sie selbst die Szene pantomimisch darstellen.

Durchführung

Stell dir vor, du gehst über eine verschneite Wiese.
(Die Kinder nehmen ihre Beine hoch beim Gehen.)
Nun überquerst du einen zugefrorenen See mit einer glatten Eisfläche.
(Die Kinder gehen vorsichtig und langsam.)
Du kommst zu einem flachen Tunnel und gehst hindurch.
(Die Kinder bücken sich und ziehen den Kopf ein.)
Am anderen Ende kommst du an einen Tennisplatz, bleibst stehen und schaust dir ein Tennisspiel an.
(Die Kinder bewegen ihre Köpfe hin und her, wie wenn sie einen Tennisball verfolgen würden.)
Du gehst weiter und kommst an einem Spiegel vorbei, in den du hineinschaust und Grimassen schneidest.
(Die Kinder machen beliebige Grimassen.)
Dann musst du dir vor Lachen den Bauch halten.
(Die Kinder halten sich den Bauch und schütteln sich vor Lachen.)
In der Ferne siehst du einen Freund oder eine Freundin und grüßt.
(Die Kinder winken oder formen mit dem Mund einen Gruß.)
Nun bleibst du an deinem Platz in diesem Raum starr stehen und hältst deine Position einen Augenblick.

Abschluss

Die Kinder setzen sich locker auf den Boden und dürfen ihre Eindrücke kommentieren. Geeignete Leitfragen können sein:
Wie hat euch die Pantomimengeschichte gefallen? Konntet ihr euch in die jeweilige Szene hineinversetzen?

Hinweis

Diese Geschichte ist ein Vorschlag, den Sie individuell ausbauen, verkürzen oder verändern können.

Entspannung durch Pantomime 2

Tierische Pantomime

Alter: ab 5 Jahren

Dauer: 10–15 Minuten

Materialien: keine

Ort: Gruppen- oder Klassenraum

Einleitung

Bevor Sie mit dieser Entspannungsübung beginnen, denken Sie sich Tiere aus, die pantomimisch gut nachzumachen sind (Elefant, Ente, Frosch, Vogel, Affe, Tiger, Schlange usw.). Schreiben oder malen Sie die Tiere jeweils auf einen Zettel.
Tische und Stühle werden beiseite geschoben.

Durchführung

Die Kinder stehen im Kreis und bekommen einen Zettel, auf dem ein Tier steht. Sie verteilen sich im Raum und stellen pantomimisch und lautlos ihr Tier dar. Nach etwa einer Minute geben Sie ein Zeichen und die Kinder versammeln sich lautlos wieder im Kreis. Die Zettel werden dem jeweiligen Nachbarn zur Linken weitergereicht, so dass jedes Kind nun ein anderes Tier darstellen muss. Die Kinder verteilen sich wieder im Raum und machen dieses Tier lautlos nach.

Dieses Vorgehen kann beliebig wiederholt werden. In der Regel reichen drei bis fünf Wiederholungen, da während der gesamten Zeit nicht gesprochen werden darf.

Vogel

Affe

Stier

Abschluss

Die Kinder stehen wieder im Kreis. Lassen Sie sie ihre Eindrücke und Erfahrungen kommentieren:
War es für dich schwierig, die Tiere pantomimisch darzustellen?
Konntest du dir das Tier gut vorstellen?

Entspannung durch Pantomime 3

Die Wunschpantomime

Alter: ab 5 Jahren

Dauer: 10–15 Minuten

Materialien: keine

Ort: Gruppen- oder Klassenraum

Einleitung

Diese Übung sollte lautlos in einem Raum mit einer größeren freien Fläche durchgeführt werden, d. h. Stühle, Tische und weitere Hindernisse werden vorher beiseite geräumt.

Durchführung

Fordern Sie die Kinder auf, sich im Raum zu verteilen und sich während einer stillen Minute zu überlegen, was sie gerne pantomimisch darstellen wollen (ein Tier, eine Szene, eine Gefühlsregung, eine bestimmte Arbeit, eine Sportart usw.).
Bereits dieser Teil der Übung ist lautlos.
Nach der Minute geben sie ein Zeichen und die Kinder stellen ihre Wunschpantomime dar.
Danach versammeln sie sich im Kreis.

Zahnschmerzen

Nagel in die Wand schlagen

Tanzen

Abschluss

Fragen Sie die Kinder nacheinander, welche Wunschpantomime sie gewählt haben und warum.

Hinweis

Diese Übung können Sie ausweiten, indem jedes Kind vor der Gruppe seine Pantomime darstellt. Nach der Darstellung sagt das Kind selber, was es dargestellt hat.
Achten Sie darauf, aus dieser Übung kein Ratespiel zu machen, da die Kinder dann unter einen Leistungszwang geraten können, was dem Sinn der Übung widerspricht.

Kapitel 4.3

Entspannung durch spielerische Massage

Im Bereich der spielerischen Entspannung sind Massageübungen sehr beliebt. Setzen Sie Massageübungen mit kleineren Kindern zurückhaltend, vorsichtig und sorgfältig begleitet ein. Es ist jedoch darauf zu achten, dass nicht alle Kinder berührt werden können und möchten. Es kann vorkommen, dass einzelne Kinder nur von ganz bestimmten Personen oder anderen Kindern berührt werden wollen oder andere jegliche Berührung unangenehm finden. Daher ist es sinnvoll, Massageübungen durchzuführen, bei denen Massagegegenstände verwendet werden, wie beispielsweise Igelball, Tennisball usw. So kommen die Kinder nicht direkt miteinander in Berührung. Das hat den zusätzlichen Vorteil, dass es für Kinder viel leichter ist, mit einem Massagegegenstand den richtigen und gleichmäßigen Druck zu erzeugen, was mit den Händen oft nicht gelingt.

Wichtig ist, im Vorfeld deutlich zu machen, dass die Kinder sagen können, wenn sie bestimmte Berührungen nicht mögen, und es auch den Massierenden sagen sollen, wenn die Massage zu fest oder zu leicht ist.

Die folgenden vier Übungen kommen bei Kindern gut an und können schon mit Kindern ab 3 Jahren durchgeführt werden:

Spielerische Massage 1

Säckchen spüren

Alter: ab 3 Jahren

Dauer: 10–15 Minuten

Materialien: Sandsäckchen/Kirschkernsäckchen/Dinkelspelzsäckchen/Kornsäckchen, Matten oder Decken

Ort: Gruppen- oder Bewegungsraum

Einleitung

Für diese Übung gibt es zwei Schwierigkeitsstufen: diese Übung und die Paarübung „Spielerische Massage 2" (s. S. 74). Fangen Sie mit der vorliegenden Übung „Säckchen spüren" an, bei der die Kinder noch nicht miteinander arbeiten. Die Paarübung können Sie in der nächsten Entspannungseinheit durchführen, wenn sich die Kinder bei der vorangegangenen Übung wohlgefühlt haben.

Durchführung

Die Kinder legen sich auf den Boden, am besten in Bauchlage, und schließen die Augen. Legen Sie jeweils ein Säckchen auf eine Körperpartie jedes Kindes. Die Kinder sollen spüren, auf welchem Körperteil sich das Säckchen befindet.
Wechseln Sie die Positionen der Säckchen zwei- bis dreimal. Sobald die Kinder das Gefühl haben, es liegt nichts mehr auf ihnen, dürfen sie die Augen öffnen.

Abschluss

Zum Abschluss setzen sich die Kinder in einen Kreis und kommentieren ihre Gefühle und Eindrücke:
Welches Gefühl hast du gehabt, als die Säckchen auf deine Körperteile gelegt wurden? Gab es Körperteile, bei denen du die Säckchen als nicht so angenehm empfunden hast? Wo war es besonders angenehm?

Spielerische Massage 2

Säckchen spüren (Paarübung)

Alter: ab 3 Jahren

Dauer: 10–15 Minuten

Materialien: Sandsäckchen/Kirschkernsäckchen/Dinkelspelzsäckchen/Kornsäckchen, Matten oder Decken

Ort: Gruppen- oder Bewegungsraum

Einleitung

Für diese Übung gibt es zwei Schwierigkeitsstufen: diese Übung und die vorangehende „Spielerische Massage 1" (s. S. 73). Fangen Sie mit der Übung „Spielerische Massage 1" an, bei der die Kinder noch nicht miteinander arbeiten. Die vorliegende Paarübung können Sie in der nächsten Entspannungseinheit durchführen, wenn sich die Kinder bei der ersten Übung wohlgefühlt haben.

Durchführung

Die Kinder bilden Paare. Ein Kind legt sich bäuchlings auf den Boden. Das andere Kind kniet sich daneben, nimmt ein Säckchen und legt es behutsam kurz auf eine Körperpartie. Dieser leichte Druck wird kurz gehalten, dann wird das Säckchen auf die nächste Körperpartie gelegt. Hat man mehrere Säckchen, können auch mehrere Körperpartien gleichzeitig bedeckt werden. Das liegende Kind soll spüren, auf welche Körperpartien Säckchen gelegt wurden, wo es angenehm war und ob es Partien gab, wo es nicht so angenehm war.

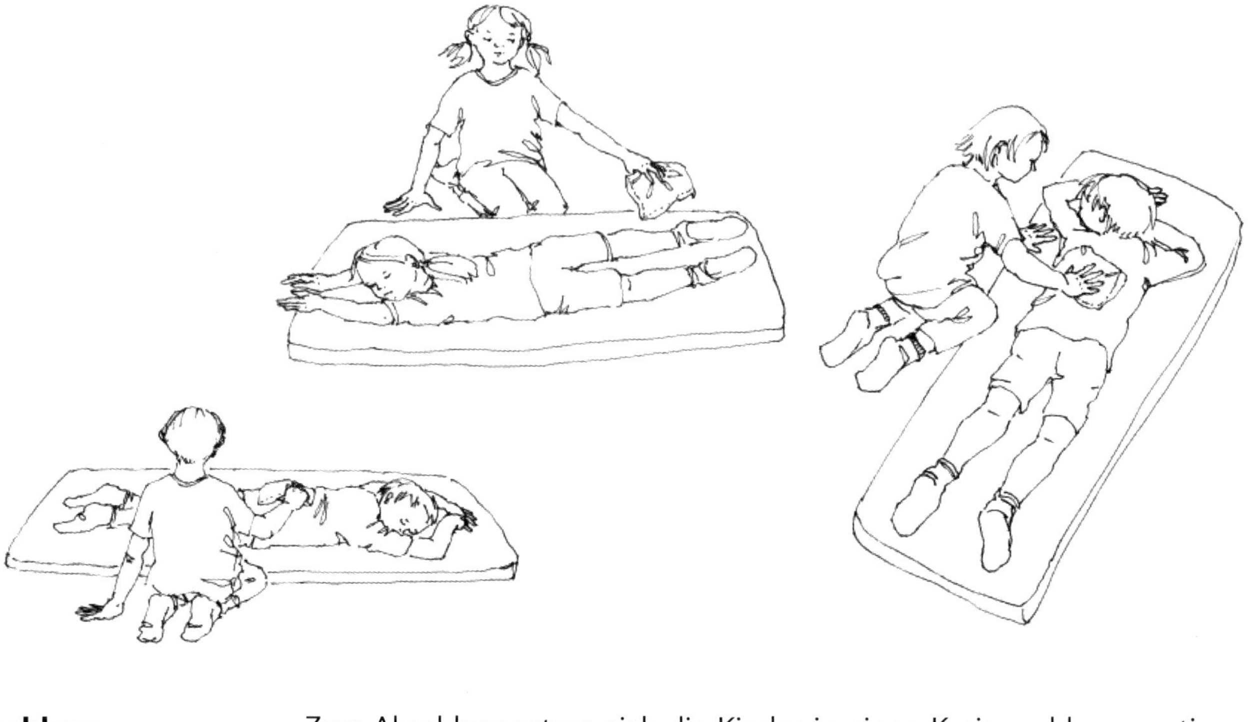

Abschluss

Zum Abschluss setzen sich die Kinder in einen Kreis und kommentieren ihre Gefühle und Eindrücke:
Welches Gefühl hast du gehabt, als die Säckchen auf deine Körperteile gelegt wurden? Gab es Körperteile, bei denen du die Säckchen als nicht so angenehm empfunden hast? Wo war es besonders angenehm?

Spielerische Massage 3

Entspannungsmassage im Kreis mit Bällen

Alter: ab 3 Jahren

Dauer: 10–15 Minuten

Materialien: Tennisbälle/Igelbälle/Softbälle

Ort: Gruppen- oder Bewegungsraum

Einleitung

Für diese Übung gibt es zwei Schwierigkeitsstufen: diese Kreisübung und die Paarübung „Spielerische Massage 4" (s. S. 76). Fangen Sie mit der vorliegenden Kreisübung an. Die Paarübung können Sie in der nächsten Entspannungseinheit durchführen, wenn sich die Kinder bei der Kreisübung wohlgefühlt haben.

Durchführung

Für die Einführung einer Ballmassage eignet sich der Gruppenkreis besonders gut. Dabei hat jedes Kind einen Ball in der Hand. Nun stellen sich die Kinder in einem Kreis jeweils mit dem Rücken zum Hintermann. Die Kinder sollen mit dem Ball den Vordermann an Hals, Schulter und Rücken vorsichtig massieren. Hierbei ist absolute Ruhe wichtig.

Abschluss

Zum Abschluss setzen sich die Kinder in einen Kreis und kommentieren ihre Gefühle und Eindrücke:
Bei welchen Körperteilen empfandest du das Massieren angenehm, bei welchen nicht?

Spielerische Massage 4

Entspannungsmassage mit Bällen (Paarübung)

Alter: ab 3 Jahren

Dauer: 10–15 Minuten

Materialien: Tennisbälle/Igelbälle/Softbälle, Gymnastikmatten oder Decken

Ort: Gruppen- oder Bewegungsraum

Einleitung

Für diese Übung gibt es zwei Schwierigkeitsstufen: die Kreisübung „Spielerische Massage 3" (s. S. 75) und die vorliegende Paarübung. Fangen Sie mit der Kreisübung an. Die Paarübung können Sie durchführen, wenn sich die Kinder bei der Kreisübung wohlgefühlt haben.

Durchführung

Die Kinder bilden Paare. Das eine Kind legt sich bäuchlings auf den Boden. Das andere Kind kniet daneben und hat einen Ball in der Hand. Dieses Kind lässt seinen Ball langsam und vorsichtig auf dem liegenden Kind hin- und herrollen. Die Wirbelsäule soll dabei ausgelassen werden; sie darf nicht massiert werden. Das Kind, welches massiert wird, darf den Druck bestimmen. Nach fünf Minuten wird gewechselt.

Abschluss

Zum Abschluss setzen sich die Kinder in einen Kreis und kommentieren ihre Gefühle und Eindrücke:
Bei welchen Körperteilen empfandest du das Massieren angenehm, bei welchen nicht?